La rebelión de los tártaros

Thomas de Quincey

Biblioteca de EL SOL

BIBLIOTECA DE **EL SOL**

Editor: Germán Sánchez Ruipérez

Edición: Juan Diego Pérez González
Producción: José Luis Navarro
Diseño: Rodrigo Sánchez

Cubierta: Rodrigo Sánchez, sobre dibujo de Carlos Arroyo

Equipo editorial: Cristina Castrillo
Paloma Sánchez

Título original: Revolt of the Tartars
Traducción: Luis Loayza

La Compañía Europea de Comunicación e Información, S.A., editora del diario EL SOL, expresa su agradecimiento a Alianza Editorial por su cortesía y colaboración, que han hecho posible la publicación de este libro.

ISBN: 84-7969-165-4
Depósito legal: M. 33.639-1991
Impreso por: Impresos y Revistas, S. A. (IMPRESA)
Herreros, 42. Políg. Ind. Los Angeles
GETAFE (Madrid)

Thomas de Quincey

Thomas de Quincey nació en Manchester en 1785. Perdió pronto a sus padres y ante la negativa de su tutor a enviarle a la Universidad, huyó a Londres. Allí vivió sin dinero, errando entre vagabundos. Más tarde lograría estudiar en Oxford. Su gran inteligencia, su prodigioso conocimiento del griego, su particular comprensión de la filosofía, le hicieron concebir el deseo de convertirse en un «benefactor intelectual de la humanidad». Las privaciones pasadas, sin embargo, habían dañado su estómago y, para aliviarlo, empezó a consumir opio. Tiranizado por la droga, sumido en deudas, sólo pudo escribir de modo disperso. No obstante, sus obras son, casi siempre,

impecables, eruditas, espléndidas. Tanto las *Confesiones de un inglés comedor de opio* como los *Suspiria de profundis* rozan el límite último de la delicadeza y la sensibilidad humanas.
El 8 de diciembre de 1859, Thomas de Quincey moría o, para decirlo con una expresión suya, se fugaba sigilosamente al otro mundo.
«Ha llegado a París —escribió Baudelaire— la noticia de la muerte de Thomas de Quincey (...), uno de los espíritus más originales, más verdaderamente humorísticos de la vieja Inglaterra (...), uno de los caracteres más afables, más caritativos, que hayan honrado la historia de la literatura».
En *La rebelión de los tártaros*, De Quincey recrea, con la nitidez de una visión, el éxodo a China que protagonizaran, hace dos siglos, setecientos mil tártaros perseguidos por el ejército ruso.

La rebelión de los tártaros o huida del Khan de los calmucos y su pueblo de los territorios de Rusia a las fronteras de China

En la historia moderna, y tal vez pueda decirse que en toda la historia, a partir de sus más tempranos anales, no hay acontecimiento que se conozca menos ni que impresione tanto a la imaginación como la huida que durante la segunda mitad del siglo pasado emprendió hacia Oriente, a través de las estepas interminables de Asia, una de las principales naciones tártaras. *El terminus a quo* y el *terminus ad quem* de la huida son igualmente magníficos —el primero, el trono más poderoso de la Cristiandad; el segundo, el más poderoso del Paganismo— y las circunstancias románticas que la rodean ponen de relieve armoniosamente la grandeza de ambos extremos. Lo brusco del comienzo y la fiera rapidez de la ejecución anuncian el carácter bárbaro y apasionado de quienes encabezaron el movimiento. En la unidad de propósito que congrega una miríada de voluntades y, en la trayectoria ciega pero certera hacia un blanco tan remoto, hay algo que recuerda los instintos omnipotentes que impulsan las migraciones de la golondrina y el *lemming* o las marchas devastadoras de la langosta. La sombría venganza de Rusia, que prendió su cruel artillería a la retaguardia y los flancos de los vasallos fugitivos evoca imágenes de Milton: pienso en la mano solitaria que persigue a la hueste rebelde a través de los espacios desiertos y el antiguo caos, hasta alcanzar con salvas atronadoras a quienes ya se creían al amparo de la oscuridad y la distancia.

Más adelante tendré ocasión de comparar este acontecimiento a otras grandes catástrofes nacionales por lo que se refiere a la magnitud del dolor. También habría que compararlo a algunos hechos semejantes en cuanto a sus posibilidades dramáticas. Pocos casos de la imaginación o la historia se sostienen junto a éste por la *complejidad* de sus distintos intereses. Considerando la empresa en sus rasgos principales vistos en relación con los motivos, tácitos o explícitos, que la provocaron y las sanciones religiosas que le sirvieron de apoyo, se advierte que posee un triple carácter: 1, el de una *conspiración*, de tan estrecha unidad en los incidentes y tanto interés en los personajes de la acción como se encuentran en la *Venecia defendida* o el *Fiesco* de Schiller y de contrastes dramáticos igualmente espléndidos; 2, el de una gran *expedición militar*, caracterizada por los mismos rasgos románticos, es decir, las enormes distancias recorridas, las tremendas derrotas que fue preciso soportar, las rutas ignoradas, los enemigos oscuramente conocidos y las adversidades vagamente prefiguradas, que distinguen a la expedición egipcia de Cambises —la *anábasis* de Ciro el Joven y la consiguiente retirada de los diez mil, las expediciones romanas a Partia, sobre todo las de Craso y Juliano— o (más desastrosa que cualquiera de ellas, así como más amplia por el espacio y por el número de las fuerzas) la anábasis y catábasis de Napoleón en Rusia; 3, el de un *éxodo* religioso, autorizado por un oráculo que muchas naciones de Asia veneran, semejante en esto al gran éxodo escritural de los israelitas bajo Moisés y Josué, y también por la singular característica de llevar los tártaros consigo a todas sus familias, a sus mujeres, hijos y esclavos, así como a sus rebaños de vacas y ovejas, a sus caballos y sus camellos.

Este triple carácter, como es natural, aumenta el interés de la empresa. Pero el interés dramático que le atribuye, la posibilidad de su representación en escena, depende en parte de la variedad y vigor tan acusados de las fuerzas personales y, en parte, de la sucesión de situaciones dramáticas. Las estepas, los camellos, las tiendas, los desiertos de nieve y arena no se hallan fuera del alcance de las modernas facultades de representación que vemos ejercitarse a cada instante en los teatros de París y Londres; y las diversas situaciones desplegadas comenzando por la conflagración general en el Volga —pasando luego a las desastrosas peripecias de la huida (que se multiplicaron desde el comienzo)— al asedio de los tártaros a la fortaleza rusa de Koulagina —la batalla sangrienta contra los cosacos en los pasos montañosos de Ouchim—, la emboscada de los bashkirs y los puestos avanzados del ejército ruso en Turgai; la conspiración privada contra el Khan en este mismo lugar; la larga sucesión de escaramuzas; las últimas matanzas en el lago de Terguiz, a ojos de los chinos, y, en fin, el trágico castigo de Zebek Dorchi en el pabellón de caza del Emperador chino: todas estas situaciones comunican una animación teatral a la increíble historia en su tratamiento dramático; de otra parte, los hechos tienen, además, un interés más elevado y filosófico en cuanto realmente acaecieron y conmemoran una gran revolución, para bien y para mal, en las fortunas de todo un pueblo, un pueblo semibárbaro pero de corazón sencillo y antiguo linaje.

El 21 de enero de 1761, el joven príncipe Oubacha asumió el cetro de los calmucos a la muerte de su padre. Ya desde los catorce años, en su condición de vice-Khan, había ejercido parte del poder asignado a tal dignidad, por expreso nombramiento del Gobierno de Rusia y con su apoyo declarado. Ahora contaba dieciocho años, era persona amable y no le faltaban títulos que le valieran el respeto debido a un príncipe soberano. En épocas más tranquilas, y en un pueblo más civilizado o más humanizado por la religión, hasta es probable que desempeñara con distinción sus altas funciones. Pero le tocaron en suerte tiempos tormentosos, una crisis dificilísima en medio de tribus cuya ferocidad innata se hallaba exacerbada por formas envilecedoras de superstición y por un convencimiento del propio mérito tan vano e hinchado que no admite precedentes, mientras que su dura y triste posición bajo la celosa vigilancia de un señor supremo e irresistible, el Zar de Rusia, exasperaba el áspero temperamento calmuco, y los aguijones de la sospecha y la desconfianza, al enconar sus cualidades más sombrías, las incitaba a la acción. En tales circunstancias ningún príncipe podía confiar en la franca lealtad de sus vasallos ni esperar que su reinado fuese de paz; el dilema en que se hallaba el gobernante calmuco era el siguiente: *sin* la sanción y el apoyo del Zar resultaba demasiado débil en lo exterior como para ganarse la confianza del pueblo o resistir a sus competidores; de otra parte, *con* este apoyo, debía su título en cierta medida a la Corte imperial y, en la misma medida, se volvía aborrecible en todo el ámbito de sus propios territorios. A un tiempo inspiraba odio por el pasado, por ser un monumento viviente de la independencia nacional perdida en la ignominia, e inspiraba desconfianza en cuanto al futuro, pues ya se había revelado como el fiel instrumento de las voluntades (cualesquiera fuesen) de la Corte de Rusia. Puesto que heredara el cetro calmuco rodeado de los gravísimos prejuicios que inspiraban las desgraciadas circunstancias de su posición, cabía esperar que Oubacha sería detestado por todos, ya que, aparte de depender, como era bien sabido, del Gabinete de San Petersburgo, tan sólo diecinueve años antes, o sea, en memoria de la presente generación, se había roto la línea directa de sucesión y suspendido violentamente el principio de la herencia en favor de su padre. Tal como su padre, Oubacha se hallaba en plena corriente de los prejuicios nacionales y podía anticipar la más abierta hostilidad. No fue así, sin embargo; tal es la inconsecuencia humana que hasta llegó a ser, en cierto sentido, popular, favor que lo alentaba y que prometía ser duradero, pues se debía exclusivamente a sus cualidades personales de bondad y llaneza, así como a lo liberal de su gobierno. De otra parte, para contrarrestar esta inesperada prosperidad a comienzos de su reinado, se encontró un rival —y casi un enemigo— ante el afecto popular en la persona de Zebek Dorchi, príncipe de grandes pretensiones al trono —casi se podría decir que iguales a las suyas—, ya que pertenecía a la misma familia real, si bien a una rama distinta. Las razones de orden público que podía invocar eran, quizá, tan válidas como las de Oubacha, mientras que sus dotes personales, aun las que un observador filosófico consideraría más odiosas y repulsivas, resultarían eficacísimas para los oscuros propósitos de un intrigante o un conspirador y, en general, le ganaban el apoyo del pueblo justamente en los aspectos en que Oubacha era más deficiente. Zebek Dorchi era de apariencia muy superior a su adversario reinante y por ello estaba más calificado para ganarse la adhesión de un pueblo semibárbaro, mientras que sus tenebrosas facultades intelectuales de disimulación maquiavélica, profunda hipocresía y perfidia sin el menor asomo de remordimiento, le convenían admirablemente para defender el terreno ganado a la gente sencilla con quien trataba y a la confiada inadvertencia de su inconsciente rival.

Al emprender su carrera de traición, Zebek Dorchi fue lo bastante sagaz para comprender que nada ganaría proclamando su hostilidad al príncipe reinante: la elección había sido bien meditada de parte de Rusia, e Isabel Petrovna no retiraba con ligereza o por causas insignificantes los favores que había concedido. Declarar su enemistad al pariente que ocupaba el trono no haría sino armar sus sospechas, y por ahora le era indispensable mantenerlo engañado. Así pues, tras mucho pensarlo, eligió esta manera de tender sus trampas: hizo correr el rumor de que varios Saissang (nobles calmucos) se habían conjurado para asesinarlo y, como si su vida estuviese en peligro, huyó con bien fingida alarma a Cherkask, seguido por sesenta y cinco tiendas. Desde allí mantuvo correspondencia con la Corte Imperial y pronto acudió en persona a San Petersburgo para defender mejor su causa. Una vez admitido a las reuniones privadas del Gabinete no le fue difícil convencer a los consejeros rusos de algunas de sus opiniones políticas, y con ello empezó a meter secretamente la cuña que al cabo le permitiría alcanzar sus fines. En particular persuadió al Gobierno de Rusia de que hiciera una reforma muy importante en la constitución del Consejo de Estado calmuco, que tuvo por consecuencia trastocar la situación política del país y romper el equilibrio de poderes hasta entonces vigente. El Consejo —llamado Sarga en idioma calmuco— estaba integrado por ocho miembros, los Sargatchi, quienes conforme a la tradición se hallaban enteramente subordinados al Khan; en la práctica tenían funciones de ministros o secretarios, aunque siempre con un rango inferior al príncipe. En los reinados anteriores esto había sido causa de algunos inconvenientes y para Zebek Dorchi fue muy fácil señalar al celo de la Corte de Rusia los peligros más graves que podrían surgir en caso de guerra y otras eventualidades. Por lo tanto se resolvió que en adelante los Sargatchi disfrutarían de plena independencia; es decir, que (en cuanto a la responsabilidad) se hallarían en pie de igualdad con el Khan. Sin embargo, sólo serían independientes frente a su propio soberano, pues en relación con Rusia se les colocaba en una nueva posición de dependencia y sumisión directas, al crearse en su favor pequeñas pensiones (300 rublos anuales), que para los calmucos eran más de lo que puede suponerse y cuyo valor se acrecentaba por tratarse de una distinción honrosa concedida por la gran Emperatriz. Esto permitió a Zebek Dorchi alcanzar sus fines por el momento, aunque, aparentemente, sólo por el momento, pues al desenvolverse sus intrigas, el más arduo de los obstáculos sería para él depender de la influencia rusa. No obstante, logró entonces un nuevo triunfo, que descartaba toda consideración de menor importancia, pues lo facultaba para suprimir a su gusto todo lo que se opusiera a sus planes: él mismo fue nombrado Presidente y Contralor de los Sargatchi. La Corte rusa había reparado en las altas pretensiones que le inspiraba su origen y pensaba satisfacer con este honor una ambición que, en un noble de tal calidad, se consideraba una pasión justificable.

Habiendo engañado por completo al Gabinete de Rusia, Zebek Dorchi procedió, ya en su nuevo cargo, a cumplir su misión política ante el Khan de los calmucos. Con tanta habilidad preparó el terreno para que se le acogiera favorablemente en la Corte del príncipe que, desde el primer momento, todos lo recibieron como a un benefactor. Las pensiones de los consejeros eran nuevas riquezas vertidas al tesoro tártaro y la experiencia aún no había enseñado a esas rudas tribus a reconocer los vínculos de subordinación así creados. Que el propio Zebek fuera el jefe de los consejeros mercenarios estaba tan lejos de considerarse una ofensa o una razón para la desconfianza que hasta el Khan, su pariente, le agradeció cordialmente sus servicios, creyendo que si había aceptado el nombramiento era sólo por excluir a otros pretendientes menos deseables, que no tendrían las mismas razones de sangre o amistad para cumplir sus deberes con buena voluntad hacia los calmucos. Lo primero que hizo al asumir sus nuevas funciones ante el Khan fue atacar a la Corte de Rusia por la intromisión en el Consejo que él mismo había sugerido, romántica infamia que se hace duro creer. El paso era arriesgado, pero imprescindible para seguir avanzando en el camino funesto que se había trazado. Meditaba una triple venganza: 1, contra el Gabinete de Rusia, por subestimar sus pretensiones al trono; 2, contra su amable rival, por haberlo suplantado, y 3, contra todos los nobles que con su menosprecio le hicieron sentir que era débil y con su desconfianza, la perfidia del propio temperamento. El plan era de una magnífica perversidad. ¿Cómo podía levantar un edificio de tan imponentes dimensiones alguien como él, a quien se diría incapaz hasta de completar las partes más nimias? Siendo él un gusano, ¿cómo osaría atacar al fiero dragón de Moscú, el potentado que contaba trescientos idiomas en torno a las gradas de su trono, el «león rampante» que aterra por igual «al bautizado y al infiel», a la Cristiandad, fuerte por su inteligencia y su organización, y al «Oriente bárbaro», de muchedumbres innumerables? El combate era monstruoso, pero en su misma monstruosidad había un átomo alentador: que nadie podría ni siquiera sospecharlo. En lo desesperado del plan fundó sus esperanzas Zebek Dorchi, y resolvió ejecutar una venganza que abarcaría, en la unidad de una tragedia bien construida, a todos los que juzgaba enemigos suyos. La venganza consistía en separar del Imperio de Rusia a la nación calmuca, cortando de un tajo los lazos que hasta entonces fueran beneficiosos para ambos. Esta última consideración no podía detenerlo. Ciertamente, Rusia había otorgado a los calmucos tierras y extensos pastos; ciertamente también, los calmucos, en reciprocidad, dieron a Rusia una potente caballería. La segunda de estas pérdidas sería parte de su triunfo; la primera podía compensarse con creces en otros climas, bajo otros soberanos. Una vez consumado, el plan lo vengaría amargamente de la

Zarina y mientras lo ponía en práctica le iría presentando muchas oportunidades de aniquilar a sus demás enemigos. Cabe suponer, en efecto, que quien alza fríamente la mirada hasta la autócrata de Rusia para desafiarla a un duelo personal no ha de inquietarse demasiado por sus enemigos calmucos, cualquiera que sea su rango. Zebek Dorchi decidió, severa e irrevocablemente, el traslado asombroso de su antiguo pueblo a través de los desiertos del Asia Central, donde no existen caminos sino ríos caudalosos, rara vez cruzados por puentes, cuyos vados sólo conocen quienes tienen interés en ocultarlos; a través de muchas naciones inhospitalarias y hostiles; con el hielo y la nieve en torno (por la necesidad de iniciar la huida en invierno), el hambre delante y el sable y la artillería de una Emperatriz poderosa y ofendida colgados a la retaguardia a lo largo de miles de millas. ¿Cuál sería su destino final, el puerto en el que hallarían amparo después de un recorrido tan temible? Dos cosas eran evidentes: tendría que ser una potencia situada a gran distancia de Rusia, de modo que aun por esta razón no hubiese esperanza alguna de retorno, y una potencia tal que los protegiese de los esfuerzos de la Zarina por recobrarlos o castigar su rebeldía. Innegablemente ambas condiciones se reunían en Kien Long, Emperador reinante de China, grato a los calmucos por el respeto con que trataba al jefe de su religión. A la China entonces: Zebek decidió que la fuga de los calmucos tendría por meta la reunión a la sombra de la Gran Muralla.

Luego vino la cuestión de tiempo —¿cuándo debía comenzar la huida?— y por último la cuestión, aún más delicada, de elegir cómplices. Era indudable que si se divulgaba la conspiración no faltaría quien la traicionase al Gobierno ruso, y, sin embargo, en algún momento de los preparativos habría que fiarse de muchos, único medio de que los calmucos proveyeran a sus familias de lo requerido para una migración tan prolongada. Zebek resolvió aplazar este paso decisivo hasta el último momento y, en todo caso, no revelar sus planes a todos mientras no se hubiese fijado definitivamente la fecha de la partida. Entre tanto se confió sólo a tres personas. Una de ellas era, casi por necesidad, Oubacha, el príncipe reinante, pero en vista de su carácter transigente y algo débil, pensaba en él más como un instrumento que como un cómplice activo. En cambio comunicó, sin reserva alguna, sus intenciones (si acaso llegó a tanto con alguien) al Gran Lama de los calmucos y a su propio suegro, Erempel, príncipe de una tribu de los alrededores del mar Caspio. Otorgó a este último su confianza, no porque lo creyese de un talento a la altura de las circunstancias, sino a causa de la ciega devoción que le mostraba, llevado por el deseo ansioso y apasionado de promover la elevación de su hija y su yerno al trono de un príncipe soberano. Zebek ya tenía el título de príncipe, pero a oídos de los ambiciosos rebeldes esta dignidad sonaba a hueco sin la sustancia del cetro. El otro cómplice, llamado Loosang Dchaltzan, Lama o pontífice de los calmucos, era hombre de aspiraciones más distinguidas; algo había en él del orgullo sombrío y aterrador del propio Zebek, y daba pruebas también de la misma energía, la misma crueldad infatigable y una facilidad de disimulo aún más profunda. Fue él quien resolvió la segunda cuestión y decidió el momento en que los designios se convertirían en realidad. Su propio carácter de pontífice le sugirió que, para fortalecer la influencia de los conspiradores sobre la vasta multitud de gentes sencillas que conducirían a la soledad atroz de los desiertos, tras obligarlas a destruir sus antiguos hogares, era de imperiosa necesidad que pudiesen invocar ante ellos, en cualquier extremidad, la sanción manifiesta de Dios en apoyo de la empresa. La única manera de lograrlo era dirigiéndose al sumo pontífice de su religión, el Dalai Lama del Tibet. Fácil fue persuadirlo de que los ayudara en sus planes, y el oráculo del Tibet proclamó solemnemente que el gran éxodo sólo prosperaría si se efectuaba durante los años del *tigre* y la *liebre*. Los calmucos tienen por costumbre dar a cada año el nombre de uno de doce animales y, como el orden de sucesión es absolutamente fijo, el ciclo se repite en períodos de doce años. Por consiguiente, si no aprovechaban el próximo año del tigre, la expedición tendría que demorarse durante doce años más y en ese plazo, aun si no surgían otros cambios desfavorables, el Gobierno de Rusia tendría buen cuidado en reprimir sus propensiones errantes con un cinturón de fortalezas o guarniciones militares, si acaso no se valía de un medio aún más sencillo para asegurar su fidelidad (y del cual ya se hablaba en todas partes) adueñándose de un gran número de rehenes escogidos en las familias más nobles e influyentes. Estas razones hicieron que se decidiese con toda solemnidad iniciar el terrible experimento el próximo año del tigre, que coincidía con el año 1771 de la era cristiana. Por desgracia para los calmucos, una vez decidido el año les quedaban aún menos posibilidades de elegir el mes. Era absolutamente necesario, o al menos así se creía, que todas las divisiones de la nación que pastaba sus rebaños en ambas riberas del Volga se reuniesen sin pérdida de tiempo, pues el peligro de que viniesen a interceptarlas las columnas ligeras de los ejércitos imperiales sería mayor justamente en un primer momento. Ahora bien, a falta de puentes o embarcaciones suficientes como para que atravesara el río una multitud tan enorme, el único medio con que podía contarse (sobre todo tratándose de tantas mujeres, niños y camellos) era el *hielo*, y sólo llegado el mes de enero se tendría la plena seguridad de encontrarlo lo bastante firme. Así fue como el asombroso éxodo de todo un pueblo se fijó definitivamente para enero de 1771, antes de que la noticia circulara como simple rumor entre quienes más interesados se hallaban en ella y de que tan siquiera se sospechase que los deseos de alguien apuntaban en tal dirección. Casi había llegado la Navidad de 1770 y los pobres y rudos pastores calmucos seguían durmiendo cada noche en sus lechos de paz, sin soñar que sus gobernantes habían pronunciado el *fiat* que condenaba sus dulces hogares, y la calma y la abundancia que en ellos reinaba, a la más triste desolación, ya entonces inminente.

Entre tanto continuaba la cruenta guerra entre Rusia y el Sultán y, mientras no arrojase el yugo del vasallaje, Oubacha debía aportar su acostumbrado contingente de ayuda militar. Aún más, lo prudente era, por desgracia, que prestase una ayuda mayor a la usual. La experiencia demuestra claramente que, por razones misteriosas e inexplicables, siempre que se prepara una gran empresa, aunque sean pocos y fieles los participantes, surge un presentimiento —una oscura desconfianza— en aquellos a quienes es preciso engañar. Sea como fuere, aún no se había pronunciado una sílaba de la conspiración ante nadie cuya existencia misma no dependiera del silencio, y ya el Gabinete de Rusia se interesaba, con vaga inquietud, en los planes del Khan de los calmucos, y es muy probable que, de no hallarse en medio de una guerra furiosa, por lo cual era prudente conciliarse a un vasallo tan importante o al menos abstenerse de todo lo que pudiera ofenderlo, en ese momento se habrían tomado medidas que frustrasen para siempre los planes calmucos. La inquietud de la Corte imperial, aunque leve, no escapó a las miradas maquiavélicas de Zebek y el Lama. Aconsejado por ellos, Oubacha cedió a las exigencias de la hora y trató de aplacar las sospechas de la Corte de Rusia acatando sus políticas y dando muestras excepcionales de celo a fin de borrar la impresión desfavorable que pudiera tener la Zarina. Aumentó, por ejemplo, sus contribuciones, y de modo tan prodigioso que se presentó al cuartel general con una fuerza de 35.000 hombres a caballo plenamente equipados; algunos van más allá y hablan de 40.000 hombres, pero en todo caso la cifra inferior está en lo cierto.

A la cabeza de tan magnífico despliegue de caballería pesada y ligera, el Khan inició la campaña con grandes esperanzas que no tardaron en cumplirse con creces. Tuvo la buena fortuna de luchar contra las tropas sin organización ni disciplina que entonces formaban el grueso del ejército turco, y en muchos encuentros parciales llevó la victoria prendida a sus banderas; por último derrotó en batalla campal a los turcos, que dejaron sobre el terreno 5.000 hombres.

Lo más probable parecía que, por varias razones, estos triunfos espléndidos fuesen otros tantos obstáculos a la rebelión inminente. La gloria militar pesaría sobre Oubacha para que mantuviese sus relaciones con el imperio en cuyo servicio la había ganado, el único que podía apreciarla cabalmente. Había llegado a ser gran mariscal de un imperio inmenso, uno de los paladines que rodean el trono; en China no sería nadie o (peor aún) un mendigo extranjero que, postrado a los pies de un príncipe que no conoce, solicita una limosna precaria. Por lo demás, era de suponer que la Zarina, agradecida por la eficaz ayuda del príncipe tártaro, le concedería recompensas lo bastante eminentes como para sujetar sus esperanzas en Rusia y apartarlo de toda posible seducción. La prudencia y el sentido común sugerían estas conclusiones a todos los que adoptasen ante el caso una actitud imparcial. Sin embargo, se engañaban. La Zarina tenía presentes sus obligaciones para con el Khan, pero no quiso reconocerlas. ¿Por qué? Tal vez el misterio no se aclare nunca, pero lo cierto es que así ocurrió. No se concedieron al Khan honores de ninguna clase; no se dictó ningún *úkase* que proclamara sus méritos. Es posible que aun cuando Rusia lo premiara con largueza, otros viniesen a contrarrestar toda tendencia a la reconciliación. Erempel, Zebek y Loosang el Lama estaban conjurados para oponer la propia vida a cualquier arreglo y sus enemigos mortales los ayudaron en sus propósitos. En la Corte de Rusia, algunos grandes señores sentían por los calmucos rencor y odio tan ciegos e intensos como los que sentían los calmucos por Rusia y quizá no tan bien fundados. Los calmucos, a su vez, detestaban el yugo que les imponían los rusos, la irritante usurpación de la autoridad, el desdén que advertían en sus actitudes y palabras, puesto que eran tratados como un pueblo de salvajes feos, estúpidos e inmundos, y sobre todo el desprecio insolente y hasta los ultrajes que los gobernadores y los principales comandantes militares permitían a sus subordinados ante la bárbara religión y la supersticiosa idolatría del sacerdocio calmuco; todo ello da una idea del resentimiento y la cólera feroces con que los rusos se volvieron contra los desdichados calmucos al ver que el gusano aplastado se retorcía o intentaba una débil represalia. Lo más probable es que, ante las espléndidas victorias de Oubacha y Momobatcha sobre los turcos y bashkirs, la envidia y el orgullo herido no hicieran sino acrecentar la ira de los rusos. Las intrigas de los nobles que rodeaban a la Zarina, quienes se hallaban poseídos por estas pasiones, fueron seguramente causa de la política tan imprudente como desagradecida que se siguió en esta crisis en relación con el Khan de los calmucos. La Zarina ya no era Isabel Petrovna sino Catalina II, princesa que muy pocas veces habría de equivocarse en las medidas de su gobierno tan gravemente para sí misma y para los demás. Pronto tuvo muchas razones para arrepentirse del error de política que había cometido. Entre tanto es fácil imaginar que el error coincidió con los demás motivos que ya sustentaban la voluntad de rebelarse de Oubacha y secundó los esfuerzos de los jefes tártaros, preparando al pueblo a que comprendiese lo necesario de la ardua empresa y enconando su orgullo, y la desconfianza que le inspiraba el Gobierno ruso, con el movimiento de adhesión que despertaron los insultos a su príncipe. Es innegable, y hasta los rusos que se han ocupado con imparcialidad de este gran desmembramiento están dispuestos a admitirlo, que la conducta del Gobierno ruso durante todo el período de espera y la crisis de indecisión en el Consejo de los calmucos fuese justamente lo que más convenía a los fines de los conspiradores; de hecho, se puso así el sello a sus maquinaciones, con pruebas clarísimas y testimonios oficiales que confirmaban lo que hasta entonces fueran, cuando mucho, vagas sospechas y presunciones indirectas.

Sin embargo, a pesar de todas estas razones, y aun admitiéndolas en cuanto no se niegue la injusticia o el error de política de los ministros imperiales, muchos que han estudiado el caso, tras consultar todos los documentos pertinentes y en especial las cartas y minutas del Consejo que luego se descubrieron, escritas por Zebek Dorchi de su puño y letra, así como el importante testimonio del cautivo ruso Weseloff, a quien los calmucos se llevaron consigo en su huida, concluyen de manera irrefutable que Oubacha era completamente incapaz de impedir o siquiera demorar la rebelión. Él mismo se hallaba sujeto a obligaciones religiosas, asumidas con la más terrible solemnidad, que le prohibían abandonar nunca la empresa y hasta cejar un instante en su empeño; en efecto, Zebek Dorchi, quien desconfiaba de la firmeza del Khan una vez que empezaran la alarma y las dificultades, se aprovechó desde un primer momento de su carácter supersticioso para, de acuerdo con los sacerdotes y su jefe, el Lama, hacerlo participar en ritos oscuros y misteriosos de consagración y pronunciar juramentos de sanciones tan tremendas que no había calmuco que se atreviese a violarlos. Así pues, Zebek se sentía enteramente seguro de la parte que tocaba al Khan en sus proyectos; lo sabía demasiado ligado a la conspiración por sus terrores religiosos, hasta el punto que ningún honor que le otorgase la Zarina podría hacerlo flaquear; y en cuanto a las amenazas que provinieran de la misma fuente, lo sabía insensible a ellas por acción de otros temores más tenebrosos que se ajustaban mejor a su temperamento. Oubacha era valeroso frente a enemigos de carne y hueso, en medio de los peligros de una guerra entre hombres, pero delicado y tímido como la vieja más supersticiosa ante un sacerdote que frunciera el ceño o cualquier vaga anticipación de castigos espectrales. Aun cuando así no fuera o hubiesen razones para dudar de la constancia del príncipe llegado el momento decisivo, tampoco esto tuviera gran importancia, pues los cambios logrados en la política nacional de los tártaros por la labor de zapa de Zebek Dorchi y su aliado el Lama eran muy profundos. Todo el poder se hallaba ahora en manos de Zebek Dorchi; era él quien en verdad empuñaba el cetro del poder absoluto; no había medida grave que no se le consultase y, en última instancia, nada se resolvía sino por su voluntad. Para llegar a tal situación se había valido durante uno o dos años de medios muy sencillos: en primer lugar aprovechó en favor suyo el perjuicio, muy difundido entre los calmucos más humildes, de que sus propios títulos al trono, en su calidad de bisnieto en línea directa de Ajouka, el más ilustre Khan de los calmucos, tenía fundamentos más sólidos que los de Oubacha, quien sólo pertenecía a una rama lateral; en segundo lugar, aprovechó la única ventaja que Oubacha poseía sobre él, o sea, la ratificación de su cargo, para aumentar la diferencia entre ellos, pero en desmedro de su rival, que no había tenido reparos en aceptar el triunfo que le ofreciera una potencia extranjera, aun a costa de su independencia, mientras que él daba a entender su desdén por tales favores; lo ayudaron, en tercer lugar, su propio talento y habilidad, unidos a la energía feroz de su carácter moral, y en cuarto lugar, tal vez si en el mismo grado, la blandura e ingenuidad criminales de Oubacha; por último (y este rasgo notable declara su temperamento) utilizó la nueva organización de la Sarga o Consejo Privado como tema principal de sus insultos e insinuaciones maliciosas contra el Gobierno de Rusia, cuando en verdad fuera él quien propuso las reformas a la Emperatriz y quien más salió ganando con ellas. Él mismo presidía el Consejo y pagaba las pensiones de los Sargatchi, que le debían sus nombramientos; ya se entiende que, puesto que con arreglo a las nuevas disposiciones todo el poder del Estado que podía oponerse al Khan se centraba en la Sarga, enteramente sometida a Zebek Dorchi, todas las funciones del gobierno, aunque correspondiesen de nombre al príncipe o al Consejo, se hallaban en sus manos; al mismo tiempo, gracias a su estrecha alianza con el Lama, disponía de los truenos del poder espiritual, que acudían a suplir su incapacidad en lo que no estuviera a su alcance.

Pero ya se aproximaba rápidamente la hora del terrible experimento. Llegaba el día en que se daría la orden de levantar el estandarte de la rebelión y, con movimiento unánime de los calmucos de ambas márgenes del Volga, difundir la vaga conflagración que envolvería en el mismo fuego sus propias chozas y las soberbias ciudades de sus enemigos a lo largo y lo ancho de las grandes provincias en que se dispersaban sus rebaños. Sólo faltaba un mes para que comenzara el año del tigre; se había elegido la quinta mañana del año como el momento fatal en que la fortuna y la felicidad de toda una nación se confiarían al azar de un lance de dados; y aun ahora el pueblo seguía ignorando por completo el plan. El Khan era de natural tan bondadoso que no podía decidirse a la revelación que con tanta urgencia se requería; como era evidente que ya no se podía aguardar más, Zebek Dorchi aceptó, de buena gana, hacer el anuncio. Mas ¿cuándo y cómo lo haría de modo que no llegara a oídos de los rusos? Después de mucho pensarlo se puso en práctica el siguiente plan: Varios correos llegaron casi a un tiempo, reventando caballos, con la noticia de una súbita incursión de kirghizes y bashkirs por tierras de los calmucos, en un punto situado a unas 120 millas de distancia. Conforme a usos inmemoriales se pidió a cada familia calmuca que enviara un representante a ese lugar, donde todos llegaron antes de que pasaran tres días. La distancia, el paraje solitario señalado para la cita, la rapidez de la marcha, hacían casi seguro que ningún ruso se hallaría presente. Zebek Dorchi se presentó ante la asamblea y, sin perder tiempo en giros retóricos, desenvolvió una inmensa hoja de pergamino, visible para toda la vasta multitud; eran unos 80.000 hombres; todos podían verlo, muchos escucharlo. Habló de las opresiones de Rusia; de su orgullo, del altivo desdén del que les diera mil pruebas; de su desprecio por la religión de los calmucos y su empeño por reducirlos a una esclavitud total de las medidas que ya había adoptado para conseguirlo, levantando fuertes junto a varios de los grandes ríos de la región, sin duda para circunscribir sus tierras de pastoreo, hasta obligarlos a renunciar a sus rebaños y a reunirse en ciudades como Sarepta, donde serían zapateros, sastres y tejedores, oficios bajos y serviles que siempre ha menospreciado el tártaro, que nace libre. «Además», añadió el príncipe sutil, «cada año aumentan los tributos militares impuestos a nuestro pueblo; cuando jóvenes derramamos nuestra sangre en defensa de Rusia o, más a menudo, en apoyo de sus agresiones insolentes; cuando viejos nada cosechamos de nuestros sufrimientos, ni nos aprovecha haber sobrevivido donde tantos fueron sacrificados.» Llegado a este punto de su arenga, Zebek mostró varios documentos (se cree que falsificados por él mismo y por el Lama) que contenían los proyectos de la Corte de Rusia para apoderarse como rehenes de los hijos mayores de las familias calmucas, que serían arrebatados *en masse* a las casas más ilustres y llevados a la Corte imperial. «Si esto llega a suceder», dijo, «a partir de ese día habrá terminado toda resistencia efectiva. Podremos someter nuestras peticiones y hasta nuestras protestas; seremos valientes, pero con palabras, no con hechos que fueron el lenguaje de nuestros antepasados; Rusia nos tendrá encadenados y se burlará de nuestros deseos, pues sabrá muy bien que no hemos de atrevernos a una resistencia eficaz.»

Tras avivar la indignación y alarmar los temores de la multitud que lo escuchaba denunciando esta pretendida intriga en contra de sus primogénitos (artificio indispensable, ya que refutaba por anticipado *cualquier* enmienda a su propuesta que viniese de los nobles más prudentes, quienes, de otra manera, habrían insistido en dirigirse abiertamente a la Emperatriz antes de recurrir a extremos tan desesperados), Zebek Dorchi declaró su intención de rebelarse y, si esto se aceptaba, de rebelarse en el acto, pues en cuanto se conocieran sus preparativos, San Petersburgo ordenaría a los ejércitos rusos de Asia que ocuparan posiciones desde las cuales pudiesen interceptar la marcha de los calmucos. Lo curioso es que, a pesar de su audacia y su seguridad en el momentáneo apasionamiento de la multitud, el astuto príncipe no se atrevió a proponer, en esta fase de la seducción, la sorprendente huida a China. Por ahora sugería tan sólo una rápida marcha al Temba o cualquier otro de los grandes ríos, que atravesarían para ocupar en la ribera más lejana una posición de fuerza, un reducto bien protegido desde el cual pudieran hablar con más firmeza a la Zarina, que tal vez entonces los escucharía favorablemente.

Poseídos por la cólera, como lo estaban, los sencillos tártaros aprobaron por aclamación las propuestas y partieron de regreso a sus hogares para dedicarse con la más furiosa actividad a los preparativos de la terrible empresa. En efecto, éstos tenían que ser rápidos y enérgicos, por lo que no escaparon a los rusos que se encontraban con las hordas, dedicados a sus tratos mercantiles o en su calidad de representantes oficiales del Gobierno de Rusia, unos como comerciantes, otros como diplomáticos.

El jefe de estos últimos era un ruso de cierta distinción llamado Kichinskoi, hombre memorable por su vanidad y memorable también por haber sido una de las muchas víctimas de la revolución tártara. Kichinskoi fue enviado por la Emperatriz para vigilar el comportamiento de los calmucos; se le llamaba el Gran Pristaw o Gran Comisionado, título por el que lo conocían todas las tribus tártaras. Su carácter mixto de embajador y *surveillant* político, junto a la situación de dependencia de los calmucos, le daba verdadero peso en los consejos tártaros, y mucho más le diera a no ser por su soberbia desenfrenada y la confianza arrogante en su autoridad (que atribuía a sus dotes personales de mando) que lo llevaron a despliegues tan violentos de poder y amenazas tan odiosas al orgullo de los calmucos que éstos no tardaron en guardarle el más profundo rencor. Ofendió públicamente al Khan; al comunicarle que empezaban a circular —y hasta llegaban a oídos de la Emperatriz— rumores sobre la intención de los tártaros de huir de los territorios imperiales, se permitió la insolencia de añadir: «Pero Su Merced no se atreverá a ello; me río yo de esos rumores; sí, me río de ellos ante la Emperatriz; Su Merced es un oso encadenado, como muy bien lo sabe.» El Khan le dio la espalda, en clara muestra de desprecio, y el Pristaw se quedó vociferando y echando espumarajos por la boca entre los servidores del Khan, quienes lograron enterarse de sus verdaderos sentimientos, dichos en un momento de pasión desbocada, y escucharon todo lo que el ciego frenesí de la ira puede inspirar al más presuntuoso de los imbéciles. Así se averiguó que habían surgido ciertas sospechas y, al mismo tiempo, que el Pristaw no mentía al afirmar que él mismo las había desacreditado. Por simple ensoberbecimiento de vanidad había llegado a convencerse de que nada escapaba a su sagacidad omnisciente y de que ninguna rebelión podía prosperar si la reprimía su imponente presencia. Los tártaros continuaron los preparativos, confiados en que la obcecación del Gran Pristaw garantizaría su perfecta seguridad, como en verdad ocurrió, para ruina del propio Comisionado y de otras víctimas innumerables.

Llegó la Navidad y poco antes entraron a San Petersburgo, pisándose los talones, varios correos: todos aseguraron a la Zarina que, sin que cupiera la menor duda, los calmucos se hallaban en plena crisis de partida. Los despachos provenían del gobernador de Astracán y, sin perder tiempo, se enviaron copias de ellos a Kichinskoi. Ahora bien, el gobernador era un ruso llamado Beketoff, con quien el Pristaw estaba en pleito desde hacía muchos años. El Comisionado montaba en cólera en cuanto se mencionaba a Beketoff, y le bastó leer el nombre aborrecible al pie de los despachos para sentirse confirmado en sus opiniones, con intolerancia diez veces mayor; tampoco él perdió ni un minuto en escribir contra el nuevo alarmista, empleando términos del ridículo más hiriente y poniendo la propia cabeza en prenda de lo fantástico de tales temores. Beketoff, a quien no era posible acallar con unas cuantas palabras duras o irónicas, mantuvo sus afirmaciones; el Ministerio quedó confundido ante la terquedad de los contendientes, y ya algunos empezaban a tratar al gobernador de Astracán como un pesado, víctima de sus propios nervios, cuando llegó el día memorable, el 5 de enero fatal, que puso punto final a la controversia y selló las esperanzas y las fortunas terrenales de miríadas sin cuento. El gobernador de Astracán fue el primero en enterarse de las noticias. Aguijoneado por las variadas furias de la envidia, la venganza triunfante y la voraz ambición, saltó al trineo y, a 300 millas por jornada, corrió a San Petersburgo, se precipitó a la presencia imperial, anunció el total cumplimiento de sus más negras predicciones y, al confirmar su versión los despachos que llegaban de distintos puestos del Volga, recibió la orden de apoderarse de su enemigo engañado y mantenerlo en el más estricto cautiverio. Cumplió la misión de buena gana y el infortunado Kichinskoi no tardó en morirse de dolor y mortificación en la oscura soledad de una mazmorra, víctima de su ilimitada vanidad y de las ciegas ilusiones que le inspirara una presunción reacia a todas las advertencias.

El gobernador de Astracán no podía haber sido un profeta más fiel. Quizá si hasta él mismo se sintió sorprendido ante la manera tan súbita como se cumplieron sus predicciones. Al romper el alba del 5 de enero, el día tan solemnemente elegido por el Lama con el peso de las sanciones religiosas, se vio a los calmucos de la ribera oriental del Volga reunirse en tropas y escuadrones con tumultuoso movimiento, como en la mañana de una gran batalla. Partían, con intervalos de media hora, por decenas de miles. Doscientas mil mujeres y niños, y aún más, iban en vagones o sobre camellos; los halaban masas de veinte mil hombres y otras les servían de escolta; el número fue incrementándose con nuevos grupos de la horda, venidos de puntos más lejanos, que se unieron a la marcha durante el primero y el segundo día. Una vez partidas las tribus, quedaron atrás entre sesenta y ochenta mil calmucos, los de mejores cabalgaduras, para saquear y devastar la región, con violentas exacciones que la prudencia no justificaba ni podía haber aprobado el carácter generoso del Khan. En esto, como en otras cosas, predominó la malignidad de Zebek Dorchi. La primera tempestad de la furia asoladora de los tártaros cayó sobre sus propias viviendas. Con la destrucción cortaban de raíz cualquier titubeo ante los padecimientos de la marcha, por lo que todos los jefes la creyeron necesaria y el propio Oubacha fue el primero en autorizarla con el ejemplo, y tomando una antorcha hecha de los materiales más resistentes y combustibles, prendió fuego a su palacio. Lo único que se salvó del incendio fueron los enseres domésticos transportables y la madera con que se fabricarían las largas lanzas tártaras. Terminado este capítulo de la memorable jornada, los calmucos esperaron nuevas órdenes, mientras todas las aldeas repartidas en un distrito de diez mil millas cuadradas ardían en una gran hoguera.

Con estas órdenes se pretendía desatar una última venganza, que sería para la Zarina un comentario aterrador a los principales motivos de la huida. Zebek Dorchi pensaba entregar las aldeas rusas, las iglesias y edificios de toda clase a la destrucción y al pillaje, y sus indenfensos habitantes al trato que cabía esperar de los feroces calmucos, enardecidos por los ultrajes que habían soportado y las sangrientas represalias que necesariamente provocarían sus excesos. Por suerte, un contratiempo providencial, ocurrido en la crisis misma de la partida, evitó esta parte de la tragedia. Como ya se ha dicho, se eligió para la huida la estación más cruda del invierno (que por todas las demás razones hubiese sido la peor) porque la única manera de reunirse sin pérdida de tiempo con las tribus que habitaban al oeste del Volga era, a falta de puentes, pasar sobre el puente natural de hielo. Por esta circunstancia, los jefes calmucos consintieron en agravar mil veces las calamidades inevitables a una rápida fuga a través de ilimitados territorios, llevando consigo mujeres, niños y rebaños: y al cabo perdieron también esta única ventaja. Así fue, aunque nunca se hayan explicado de modo suficiente las razones de ello. Unos dicen que no se concertaron debidamente las señales para indicar el momento de la partida y de las cuales habían de servirse los calmucos occidentales a fin de avisar si, por causas de última hora, les era imposible cumplir lo prometido. Otros suponen que el hielo no tenía igual resistencia a ambos lados del río y que, en todo caso, no hubiese soportado animales tan pesados y de tanta carga como son los camellos. La explicación más frecuente es que ciertos movimientos que por azar efectuaron las tropas rusas el 3 y 4 de enero en la vecindad de los calmucos occidentales, aunque nada tuviesen que ver con ellos o con sus planes, se interpretaron como claros indicios de que el plan había sido descubierto y los jefes occidentales, que por su situación no habían estado expuestos a las intrigas con que Zebek Dorchi engañó el orgullo de las tribus orientales, intervinieron ahora con gran prudencia para salvar a sus pueblos del desastre. Sea cual fuere la causa, lo cierto es que los calmucos occidentales no pudieron unirse con sus hermanos de la ribera opuesta como estaba previsto y, en consecuencia, por lo menos cien mil de estos tártaros se quedaron en Rusia. El accidente salvó a sus vecinos rusos de la desolación que los esperaba. No hay duda que, a no ser por este revés, hubieran sido víctimas de una matanza y conflagración generales, que habría significado el total aniquilamiento de sus bienes, hogares y personas. Pero los jefes orientales no se atrevieron a arriesgar la seguridad de sus hermanos dejándolos a merced del primer impulso vengativo de la Zarina ante la pavorosa tragedia; recordaban varios detalles por los que podría descubrir la participación de los pueblos occidentales en el plan común y temían, con justicia, que también los creyesen cómplices de los sangrientos sucesos con que se inició la rebelión.

Apenas si podían imaginar los calmucos occidentales las muchas razones por las que debían agradecer el inesperado accidente que entonces lamentaron tanto. De asistir sólo a la milésima parte de los sufrimientos que cayeron sobre sus hermanos orientales durante el primer mes de su lastimosa huida, dieran gracias al cielo por salvarlos a última hora; y los sufrimientos del primer mes no fueron sino un preludio o anticipo relativamente leve de lo que vino más tarde.

Ahora comenzó a desplegarse la más funesta, la más dilatada serie de calamidades que hayan sufrido en ninguna parte los hijos e hijas de los hombres. Es posible que las bruscas incursiones de pueblos exterminadores como los hunos, los ávaros o los tártaros mongoles hicieran padecer a igual número de gentes, pero eran angustias y desolaciones repentinas, como la explosión del trueno. Quienes se salvaban al comienzo, se salvaban casi siempre al final; quienes perecían, perecían de inmediato. Tal vez la retirada francesa de Moscú pueda compararse, por su duración, con la fuga de los tártaros; pero sería una comparación débil con algo mucho mayor, ya que los sufrimientos de los franceses sólo se iniciaron un mes después de abandonar Moscú, y si bien es cierto que luego los vasos de la cólera se derramaron durante seis o siete semanas sobre el leal ejército, ¿qué es esto ante la tragedia de los calmucos, que duró otros tantos meses y aún más? Pero la principal característica que distingue la marcha de los calmucos de la retirada francesa es que aquéllos iban acompañados de mujeres y niños[1]. También los había, sin duda, en el ejército francés, aunque no tantos como para representar una proporción elevada del total. En suma, los franceses eran sólo un ejército, una hueste de destructores profesionales cuyo oficio era el derramamiento de sangre y que en medio del peligro y el dolor se hallaban en su elemento. Los tártaros, en cambio, eran un pueblo y llevaban consigo a más de doscientas cincuenta mil mujeres y niños, en su gran mayoría incapaces de resistir las calamidades que les esperaban. En iguales circunstancias —en cuanto a la presencia de sus familias— estuvieron los hijos de Israel, pero ya desde las primeras etapas de su éxodo se vieron libres de la persecución del enemigo, y la residencia en el desierto no fue una marcha sino un alto muy prolongado, en el cual se in-

---

[1] Es curioso, aunque por lo general no se recuerde, que hubiera mujeres griegas en la *anábasis* de Ciro el Joven y en la ulterior Retirada de los Diez Mil. Jenofonte afirma que «muchas» mujeres acompañaban al ejército griego πολλαι ησαν εταιραι εν τφ στρατευματι; y es evidente que en una etapa avanzada de la dura expedición aún quedaban mujeres entre los sobrevivientes.

terpuso constantemente el cielo para prestarles ayuda. También los terremotos, por vastos que sean sus daños, no duran sino un momento. Mucho más se aproxima a la huida de los calmucos, por el número de víctimas y lo persistente de sus males, la peste que asoló Atenas durante la guerra del Peloponeso o Londres durante el reinado de Carlos II. Los mártires se contaron entonces por miríadas y el plazo de desolación por meses. Sin embargo, el daño fue, a fin de cuentas, mucho menor y no faltó un elemento que contribuyera a aliviar la presión *consciente* del desastre: la desgracia se ocultó de la vista del público en habitaciones privadas y hospitales. El sitio de Jerusalén por Vespasiano y su hijo es, en la suma de sus circunstancias, lo más semejante a la huida de los tártaros por el alcance y la profundidad del dolor, por la duración, por las luchas internas que exasperaron los sufrimientos y, finalmente, por la última y más cruel expresión del fuego de la angustia, que extingue los afectos naturales y hasta el amor maternal. Cada uno de estos hechos tiene, sin embargo, aspectos románticos de padecimiento que le son propios: aspectos que carecen de precedentes y que cabe confiar (dondequiera el Cristianismo haya ennoblecido la naturaleza humana) no han de repetirse nunca.

Antes de que pudiera pensarse en el descanso era preciso alcanzar el río Jaik, situado a unas 300 millas del principal punto de partida en el Volga; y aunque la marcha tuviese que ser forzada y dura, de otra parte se pensaba que el sufrimiento sería tanto más breve y transitorio: un gran esfuerzo en poco tiempo, que ya no se repetiría, y todo se habría ganado. En efecto, la marcha fue forzada y durísima, en esto no se equivocaban las previsiones, pero lo demás que se prometía no fue sino un fantasma del desierto, la engañosa visión de un arco iris que, durante siete meses de aflicciones y desastres, huyó sin detenerse un instante ante los ojos enfermos de esperanza a través de soledades interminables. Por su propia naturaleza, así como por las circunstancias en que ocurrieron, estos tormentos fueron algo monótonos de colorido y forma, al igual que el paisaje de las estepas; su variedad podrá apreciarse si se trazan históricamente las sucesivas etapas del dolor de los fugitivos y se describen con exactitud tal como se fueron desarrollando bajo la doble acción, siempre en aumento, de la debilidad interna y de la presión hostil del exterior. Vistos así, en el mismo orden en que acaecieron, es curioso advertir que los sufrimientos de los tártaros, aunque modelados por manos del azar, se organizan con disposición casi escénica. Se diría que los ha combinado el talento de un artista; la intensidad de la congoja crece a medida que adelanta la marcha y las fases del desastre corresponden a las etapas del camino, de modo que al levartarse el telón que encubre la gran catástofre distinguimos un vasto clímax de angustia, que se eleva en gradaciones regulares, como si estuviera construido por artificio para lograr un efecto pintoresco, efecto que no sería sorprendente si lo previsible fuese una velocidad pareja, o un aumento de la velocidad durante las últimas etapas de la huida. Por el contrario, parece que lo más razonable sería pensar en una disminución constante del movimiento a medida que los fugitivos se alejaban de la capital de sus perseguidores. No obstante, este cálculo quedó refutado por la circunstancia extraordinaria de que los ejércitos rusos sólo empezaron a acosar a los calmucos cuando ya habían recorrido una distancia de 2.000 millas: 1.000 millas más allá los asaltos se volvieron crueles y tumultuosos, y ya se distinguían vagamente las grandes sombras de la Muralla China cuando el frenesí y el encarnizamiento de los perseguidores, y la sangrienta desesperación de los pobres fugitivos, llegó a su último extremo. Recordemos someramente las etapas principales del dolor y describamos los escalones ascendentes de la tragedia conforme a las divisiones de la ruta que fueron marcando los grandes ríos centrales de Asia.

La primera etapa, como hemos dicho, fue del Volga al Jaik; la distancia, unas 300 millas; el tiempo asignado, siete días. Así pues, durante la primera semana el ritmo de marcha fue, en promedio, de unas 43 millas inglesas diarias. El clima era frío pero estimulante y, a un paso más moderado, un pueblo tan resistente como el calmuco habría cumplido esta parte del recorrido sin muchas dificultades. El ganado, en cambio, sufrió mucho con la rapidez de la marcha; comenzó a faltar leche hasta para los niños; murieron muchísimas ovejas, y si los propios niños se salvaron fue gracias a los innumerables camellos.

Los cosacos que habitaban las riberas del Jaik fueron los primeros súbditos de Rusia con quienes toparon los calmucos. Grande fue su estupor ante lo brusco de la irrupción y grande también su desaliento, pues, como era costumbre, la mayoría de los pobladores pasaban los meses de invierno en las pesquerías del mar Caspio. Quienes se sentían más expuestos en los lugares de mayor peligro huyeron en grandes multitudes a buscar refugio en la fortaleza de Koulagina, a la que Oubacha puso sitio de inmediato e intimó a rendirse. Pero sólo llevaba consigo unas cuantas piezas de artillería ligera y el comandante ruso, sabiendo que el Khan disponía de muy poco tiempo y que estaba a punto de reanudar su marcha, se animó a oponer una resistencia más obstinada de lo que en otro caso fuera aconsejable ante un enemigo tan poco dispuesto a observar los usos de la guerra civilizada. La ansiedad no duró mucho: al quinto día del sitio divisó desde las murallas una sucesión de correos tártaros, montados en veloces camellos bactrianos, que cruzaban a todo correr las vastas llanuras en torno a la fortaleza y entraban por varios sitios al campamento calmuco. Al instante se produjo una gran agitación: no tardaron en despacharse órdenes en todas direcciones, y pronto se supo que el día anterior se había librado una cruenta batalla de exterminio sobre uno de los flancos más distantes de los calmucos, en la que una tribu de sujetos del Khan, que contaba no menos de 9.000 hombres armados, había perecido hasta el último hombre. Era el *ouloss* o clan llamado Feka Zechorr, que desde antiguo tenía enemistad con los cosacos. Como es natural, al elegir los puntos en que atacarían la apresurada incursión de los tártaros, los jefes cosacos trataban de servir a la Emperatriz y, al mismo tiempo, de satisfacer sus odios de partido: sobre todo porque, en caso de prosperar la evasión de sus enemigos, ya no tendrían otra oportunidad de vengarse. Tras reunir el mayor cuerpo de caballería que les era posible, se lanzaron contra el *ouloss* hostil tan súbitamente que ni siquiera le dejaron tiempo a comunicarse con Oubacha. La necesidad de buscar extensos terrenos de pastoreo para sus manadas y rebaños había llevado al *ouloss* a más de 80 millas del cuartel general del Khan y, sin que mediara un descuido, se encontró en una situación en la que sólo podía valerse de sus propios recursos. Estos no fueron suficientes; retirarse era del todo imposible por el agotamiento de las cabalgaduras y el prodigioso estorbo de los rebaños; ninguna de las partes concedió cuartel ni tampoco lo pidió la otra: y así sucedió que ese día (el decimotercero desde que se iniciara la rebelión) el sol poniente alumbró con sus rayos las postreras agonías de un antiguo *ouloss*, que al romper el alba había sido una nación independiente y ahora yacía sobre el campo ensangrentado.

La funesta noticia provocó la consternación general dentro de los anchos límites del campamento del Khan, no tanto por el número de las víctimas, ni por el total aniquilamiento de un aliado poderoso, cuanto porque el destacamento cosaco podía impedir los futuros avances de los calmucos, o al menos detenerlos o retrasarlos hasta que llegasen a sus flancos las columnas más pesadas del ejército ruso. El sitio de Koulagina se levantó de inmediato, y otra vez resonó en las tiendas la orden fatal para la felicidad de las mujeres y sus hijos: la orden de huir, y esta vez de huir con mayor rapidez que nunca. A unas 150 millas de la posición que ocupaban se levantaba una cadena de montañas, una especie de margen a la vasta extensión oceánica de sabanas, estepas y a veces desiertos de arena que se extendía hacia el este y el oeste. Casi al centro de la cordillera se abría un estrecho desfiladero, la ruta más cercana y practicable al río Turgai, cuya ribera opuesta era el primer lugar donde podrían hacer alto con seguridad. Les era indispensable llegar a ese paso antes que los cosacos, pues no sólo cualquier demora daría tiempo a las columnas rusas que los seguían a combinar sus ataques y traer su artillería, sino que, aun dejando de lado la persecución de sus enemigos, los guías que mejor conocían la ardua y oscura geografía de las estepas, donde no hay caminos, les habían advertido que la pérdida del desfiladero los obligaría a dar un rodeo de por lo menos 500 millas (única alternativa, puesto que requerían tan extensos terrenos de pastoreo); además, el rodeo los llevaría al Turgai en un sitio muy difícil de atravesar con sus pesados equipajes. Resolvieron, pues, ganar a toda costa el desfiladero, pero, a menos que corrieran a él con la velocidad de caballería ligera, lo más probable sería que lo encontrasen ya ocupado por los cosacos. Cierto es que también ellos habían sufrido mucho en la cruenta batalla con el *ouloss* derrotado, pero el entusiasmo de la victoria, y la viva adhesión que despierta un triunfo extraordinario, colmaba nuevamente sus filas y sin duda atraería, con la fuerza de un remolino, a sus sencillos compatriotas de las orillas del mar Caspio. La cuestión de quién ocuparía el desfiladero se convirtió en una carrera. Los cosacos iban hacia él por una línea oblicua que era más larga en unas 50 millas a la que seguían los calmucos a partir de su campamento frente a Koulagina; a menos que los calmucos se precipitasen con la prisa más desbocada, cargados y «entrastados»[2] como iban, no tendrían la menor posibilidad de adelantarse a la caballería ligera de los cosacos y de hacer suyo el paso.

Al oír este recuento de la situación, los sentimientos de las pobres mujeres fueron es-

---

[2] *«Entrastados»*: La expresión es de Beaumont y Fletcher en su *Bonduca*, etc., y describe la condición de una persona que huye o persigue retardada y estorbada por una carga, sea una cosa o una persona, que tiene demasiado valor como para dejarla atrás.

pantosos. Muy bien comprendían que estaba en juego un interés demasiado capital (*la summa rerum*) como para tener en cuenta intereses menores o que en las actuales circunstancias pudieran considerarse tales. La terrible semana que habían pasado —su inauguración en la angustia— todavía seguía fresca en el recuerdo. Las cicatrices del sufrimiento se habían impreso no sólo en sus memorias sino también en sus cuerpos y en los de sus hijos. De sobra sabían que toda rapidez sería insuficiente para sus jefes y que no se aceptaría en ningún caso, con excepción del más absoluto agotamiento, que se había logrado todo lo que podía lograrse. Weseloff, el cautivo ruso, ha dejado testimonio de la muda congoja con que las mujeres y los niños mayores ayudaron a retirar las cuerdas de las tiendas. El 5 de enero todo había sido animación y alegría de esperanzas indefinidas; ahora, por el contrario, una experiencia breve pero amarga les había enseñado a calcular mejor lo que les aguardaba.

Un día entero y hasta muy entrada la noche siguiente prosiguió la huida renovada; los padecimientos fueron mayores que antes, pues el frío era más intenso, y perecieron muchos animales de toda clase, con excepción de los camellos, cuyos poderes de resistencia parecían adaptarse por igual al frío y al calor. La segunda mañana trajo un alivio al sufrimiento. Había empezado a nevar y, aunque la nieve no fuese profunda, era evidente que pronto lo sería y resultaría inevitable hacer un alto; lo mejor era quedarse donde estaban, sobre todo pensando que la misma causa detendría el avance de los cosacos. El desdichado pueblo calmuco ya no tendría otro descanso en toda su emigración. La nieve siguió cayendo sin parar durante diez días. Sobrevino luego un clima luminoso, helado, fuerte; cesó el viento; otros tres días y, con el suelo lo bastante firme para soportar el paso de los camellos, volvió a empezar la fuga. El alto trajo paz y contento y, por última vez, la abundancia general. En las jornadas anteriores habían muerto tantas reses que se dio la orden de matar las que restaban y salar la carne que no pudiera consumirse de inmediato. En consecuencia se vieron muchas escenas de banquetes y hasta de festividades en las que participaban quienes no habían quedado incapacitados para la alegría por la angustia y la atroz aflicción de los últimos días y por la ansiedad ante el futuro incierto. Ya habían muerto setenta mil personas de todas las edades, sin contar los muchos miles de aliados que segara el sable del cosaco. Sin duda las pérdidas serían aún mucho mayores, pues de todas partes llegaban rumores, traídos por los correos que despachara el Khan a la retaguardia, los flancos y las avanzadas, anunciando que de toda el Asia Central convergían grandes masas de tropas imperiales a los vados del Turgai, el mejor lugar para interceptar a las tribus fugitivas; ya para entonces sabían que una poderosa división los perseguía de muy cerca, retrasada tan sólo por la mucha artillería que se había creído necesaria en apoyo a sus operaciones. Cada día surgían nuevos motivos para que los pobres calmucos apresurasen aún más la marcha, agotando a aquellos que ya se sentían exhaustos.

No fue sino hasta el segundo día de febrero que las avanzadas del Khan avistaron Ouchim, el desfiladero de las montañas de Mougaldchares, en que preveían una cruenta oposición de parte de los cosacos. En efecto, un fuerte destacamento de caballería ligera les había ganado de mano por unas horas, pero el Khan que disponía de dos grandes ventajas —una potente infantería, transportada en secciones de cinco hombres a lomo de 200 camellos, y unas cuantas piezas de artillería que aún no había tenido que abandonar—, comenzó muy pronto su dura presión sobre el grupo aislado de cosacos. Lo más probable es que de todas maneras se hubiesen retirado, pero cuando se disponían a partir apareció detrás de ellos Zebek Dorchi con un cuerpo de tiradores escogidos que se distinguiera en la guerra con Turquía. Arrastrándose por los lechos secos de los torrentes, ocultando sus movimientos en las desigualdades del terreno, habían conseguido trepar sin ser vistos hasta las cimas que dominaban la quebrada. El desorden y el terror rompieron en un instante las filas de los cosacos; el Khan, que había estado esperando con la *élite* de su caballería pesada, cargó furiosamente contra ellos; la victoria fue total y seguida de una matanza que, en cierta medida, vengó la reciente y sangrienta destrucción de sus aliados, el antiguo *ouloss* de Feka Zechorr. Las ligeras cabalgaduras de los cosacos eran valientes pero no muy robustas y no pudieron resistir al empuje de sus enemigos, los pesados dragones polacos y los hábiles *camelleros* (es decir, coraceros montados en camellos); de otra parte, los esfuerzos sobrehumanos que durante los últimos días hicieran los cosacos por alcanzar su actual posición habían disminuido en mucho sus facultades y sus posibilidades de escapar. Muy pocos, en verdad, escaparon, y la cruenta jornada de Ouchim se volvió tan memorable entre los cosacos como aquella que, unos veinte días antes, marcara la completa aniquilación de los Feka Zechorr[3].

Quedaba abierto el camino al río Irguiz y, mucho más allá, al Turgai, pero cada día era más improbable que esta situación pudiese durar. No tardaron en recibirse anuncios seguros de que un gran ejército ruso, bien equipado en todas las armas, avanzaba hacia el Turgai bajo el mando del general Traubenberg, a quien se unieron en el camino diez mil bashkirs y casi otros tantos kirghizes, ambos enemigos hereditarios de los calmucos, ambos exasperados hasta la locura por los sangrientos trofeos que Oubacha y Momobatcha arrebataran durante los últimos años a sus compatriotas al servicio del Sultán. Estas naciones

---

[3] Otro *ouloss* de la misma fuerza que el Feka Zechorr, el llamado Erketunn, que se hallaba bajo el gobierno de Assarcho y de Machi, entró en la conjura por obligaciones de tratado o por otros motivos ocultos. Por fortuna, los dos jefes encontraron la manera de asegurar al gobernador de Astracán, al comienzo mismo del levantamiento, que sus verdaderos deseos eran mantener el vínculo tradicional con Rusia. Por consiguiente, los cosacos a quienes se encomendó la persecución tenían órdenes de actuar con cautela y según las circunstancias en que les diera alcance. El resultado fue que, gracias al prudente gobierno de Assarcho, el clan, sin comprometer su orgullo ni su independencia, hizo un moderado acto de sometimiento que los cosacos estimaron suficiente; y más tarde la Zarina concedió premios y honores a la fidelidad ejemplar de ambos jefes y de su pueblo.

bárbaras soportaban con sumisa paciencia el yugo imperial, pero no las manos que se lo impusieran y, acogiendo con entusiasmo la oportunidad de vengarse, enviaron a la Zarina un mensaje en el cual, tras asegurarle su perfecta obediencia, explicaban muy claramente el espíritu con que cumplirían sus órdenes al añadir que «no molestarían a Su Majestad con prisioneros».

Como antes con los cosacos, los calmucos emprendían ahora una nueva carrera, esta vez con los ejércitos regulares de Rusia y con pueblos que no sólo eran tan feroces y semihumanizados como ellos, sino que triplicaban su celo aguijoneados por las furias del orgullo abatido y de la humillación militar ante los ojos del Sultán de Turquía. Las tropas, y sobre todo la artillería rusa, eran demasiado abrumadoras para que pudiera pensarse en oponerles batalla campal, aun si los tártaros llegaban al Turgai menos deshechos de lo que cabía suponer. En la celeridad estaba su única esperanza: en la ligereza de sus pies, como antes, y no en la fuerza de sus brazos. Los calmucos se lanzaron, pues, hacia adelante y una interminable cadena de cadáveres dejó sobre la estepa la huella de su amplísima marcha. Viejos y jóvenes, el enfermo en su camilla, la madre con el pequeño en brazos: todos desfallecían. Estos cuadros —cruelmente agravados por la condición indefensa de la infancia, por la enfermedad y la flaqueza femenina, abandonadas a los lobos en medio del desierto— se repitieron a lo largo de dos mil millas, que fue la distancia recorrida desde el Volga hasta la ribera oriental del Turgai, contando los rodeos a que los obligaron los ríos y la presencia de tribus hostiles. Durante las siete primeras semanas de marcha, la excesiva severidad del frío amargó aún más sus sufrimientos; mientras hubo leña para el fuego, ya sea de la carga de los camellos, el sacrificio desesperado de los vagones de equipaje o bien (como a veces ocurría) de los bosques que llegaban hasta las márgenes de los muchos ríos que debían atravesar, ningún espectáculo fue más frecuente que el de un círculo formado por hombres, mujeres y niños, reunidos por centenares la noche anterior en torno a una hoguera central, que la luz del alba encontraba rígidos y sin vida. Decenas de miles se rezagaron de puro agotamiento, rodeados de tantos peligros que ni uno solo de ellos tuvo la menor probabilidad de sobrevivir veinticuatro horas. Al cabo el hielo y la nieve dejaron de perseguirlos; al cabo la vasta extensión de la marcha los condujo a latitudes menos inhóspitas, y su duración extraordinaria los fue llevando gradualmente a estaciones más dulces del año. Habían recorrido por lo menos dos mil millas; febrero, marzo y abril quedaron atrás; empezó el suave mes de mayo; de todas partes surgían imágenes y sonidos primaverales para consolar a los viajeros de corazón fatigado; y por fin, al cruzar el Turgai, alcanzaron la posición en que esperaban descansar durante muchas semanas tranquilos y seguros: en esta región fecunda hallarían víveres para restaurar sus fuerzas quebrantadas y cumplir con menos ruina y estrago el largo camino que aún tenían por delante.

Sí: era verdad que habían completado casi dos mil millas de trayecto, pero en casi cinco meses y con el terrible sacrificio de por lo menos doscientas cincuenta mil almas, para no hablar de los rebaños y manadas, cuyo número supera cualquier cálculo. Todos los animales habían muerto: de los bueyes, vacas, caballos, mulas, asnos, ovejas y cabras ni uno había sobrevivido. La única excepción eran los camellos, criaturas áridas y adustas que parecen momias de animales antediluvianos, sin los afectos ni la sensibilidad de la carne y la sangre, que aún levantaban al cielo oriental los ojos elocuentes, ilesos y apenas si disminuidos después de tan larga tempestad. El Khan, sabiendo la medida en que era responsable de los funestos padecimientos, debió llorar lágrimas aún más amargas que las de Jerjes al contemplar las multitudes que reuniera, pues en el llanto de Jerjes no había remordimiento. Decidido a reparar el daño en lo que pudiera y a sacrificar sus intereses personales al bien general, el Khan hizo que en este momento de la marcha volviera a examinarse con detenimiento la decisión misma de rebelarse. El Consejo discutió gravemente si convenía que los calmucos retornasen sobre sus pasos para, entregándose a la compasión de la Zarina, someterse otra vez a la antigua obediencia. Oubacha declaró que en tal caso estaría dispuesto a ser el chivo expiatorio de la transgresión general. Señaló que el plan nada tenía de fantástico sino que, por el contrario, era fácil de realizar, pues, como bien sabía la Emperatriz, el poder absoluto y sagrado del Khan hacía del todo inicuo atribuir responsabilidad alguna al pueblo: la culpa era del Khan y sobre el Khan recaería la venganza imperial. La propuesta se aplaudió por generosa, pero Zebek Dorchi se opuso a ella firmemente. ¿Perderían acaso las dos mil millas de marcha? ¿Estaban condenados a perecer después de tanto sufrir en vano? Sólo se hallaban a mitad de camino, pero por esto mismo las razones para avanzar o retirarse tenían el mismo peso. En ambas direcciones la distancia sería igual, con esta diferencia: hacia adelante el camino pasaba por tierras relativamente fértiles y hacia atrás por extensiones desiertas, ricas tan sólo por los memoriales de sufrimiento, por los trofeos de calamidad odiosos a los ojos de los calmucos. Además, aunque la Emperatriz aceptara sus disculpas por lo pasado, siempre sospecharía de ellos en lo por venir. Tal vez lograsen el *perdón* de la Zarina, mas ¿qué esperanza tenían de recobrar su *confianza*? Siempre habría, a no dudarlo, una presunción en contra de ellos, causa incesante de suspicacias y quien dice gobierno suspicaz dice gobierno riguroso. En fin, cualesquiera fuesen los motivos de la rebelión, era innegable que en nada habían cambiado con lo sucedido. A decir verdad, la rebelión no era tal sino (hablando con prioridad) un retorno a la antigua sujeción, pues no habían pasado ciento cincuenta años desde que (en 1616) sus antepasados se rebelaran contra el Emperador de la China. Ahora que habían probado ambos gobiernos, China era el país de la promesa y Rusia la mansión del cautiverio.

Sin embargo, a pesar de todo lo que hiciera o dijera Zebek Dorchi, el pueblo se inclinaba decididamente en favor de la propuesta del Khan; los calmucos estaban convencidos de que la Emperatriz perdonaría al príncipe y no hay duda que en este momento se hubiesen entregado de buena gana a la misericordia imperial cuando, de pronto, las cosas cambiaron por completo con la llegada de dos enviados de Traubenberg. El general había ganado la fortaleza de Orsk, tras una marcha muy dura, el 12 de abril; de allí fue a Oriemburg, donde entró el 1 de junio; durante el mes de mayo se le unieron por el camino los kirghizes y un cuerpo de más de diez mil bashkirs. Desde Oriemburg dirigió al Khan sus ofertas oficiales que eran severísimas y perentorias, pues no contenían estipulación alguna en cuanto al perdón o la inmunidad y, por el contrario, se exigía en ellas la rendición incondicional antes de suspender las operaciones militares. Es muy probable que, en vista del carácter de Traubenberg, quien no era en realidad hombre de gran energía, así como del estado en que se encontraba su ejército, desorganizado por el rigor y la duración de la marcha, las negociaciones habrían asumido un tono más conciliatorio si se hubiera dispuesto de más tiempo. Por desgracia para todos, ocurrieron entonces acontecimientos siniestros que acabaron con las últimas esperanzas.

Los dos correos de Traubenberg le informaron a su vuelta que sólo lo separaban del campamento del Khan unos diez días de marcha. Al enterarse de ello los kirghizes —por boca de su príncipe Nourali— y los bashkirs instaron al general a que avanzase de inmediato. Una vez que los cañones ocuparan una posición desde la cual dominasen el campamento calmuco, el destino del Khan rebelde y su pueblo estaría entre sus manos: ellos mismos formarían la vanguardia del ejército. Pero Traubenberg (el *porqué* no se ha explicado nunca claramente) se negó a avanzar, aduciendo la condición de sus hombres, que tenían absoluta necesidad de reposo. La discusión fue larga y violenta. Viendo que no lograrían imponerse, y temiendo sobre todo que sus odiados enemigos escaparan, los fieros bashkirs partieron por su cuenta. En seis días de marchas forzadas llegaron al Turgai, lo atravesaron haciendo nadar a sus caballos y cayeron sobre los calmucos, quienes se habían desperdigado en busca de alimentos para sí y forraje para los camellos. El combate del primer día fue una vasta sucesión de escaramuzas aisladas en un campo de treinta a cuarenta millas de ancho; una partida de soldados se dividía en tres o cuatro grupos y luego (según los accidentes del terreno) tres o cuatro grupos se juntaban en uno; diversos lugares de la llanura acontecían a un tiempo, y en las más diversas formas, huidas y persecuciones, triunfos y derrotas. Como los calmucos estaban muy dispersos, los bashkirs tuvieron que dividirse en innumerables secciones, y durante muchas horas ni siquiera el ojo más experimentado logró discernir la tendencia general de la batalla. En un momento, tanto el Khan como Zebek Dorchi fueron hechos prisioneros y en varias oportunidades se hallaron a punto de perder la vida, pero al fin Zebek logró reunir una fuerte columna de infantería que, apoyada por camellos a ambos flancos, obligó al enemigo a retirarse. No obstante, durante dos días con sus noches continuaron llegando nubes de la feroz caballería bashkir, seguidas o acompañadas por guerreros kirghizes. Los jefes calmucos creyeron que estas incursiones eran la avanzada del ejército de Traubenberg y pusieron sus esperanzas de salvación en la fuga: así fue como la retirada, que se interrumpiera poco tiempo antes, se reanudó cuando ya los desdichados fugitivos se prometían un descanso tranquilo y reparador que duraría todo el verano.

Se diría que los calmucos estaban predestinados a probar todas las variedades de la desgracia y que sus sufrimientos no se completaron hasta que vino a redondearlos y coronarlos lo que el calor terrible del verano puede añadir al invierno y al hielo. Volveré de inmediato a la historia, tras referir un romántico episodio que ahora ocurrió entre Oubacha y su primo, el infame Zebek Dorchi.

Al iniciar los calmucos su huida en las márgenes del Volga, vivía en la Corte del Khan un caballero ruso de cierto rango a quien, por razones de política, creyeron necesario llevarse prisionero. Durante varias semanas su cautiverio fue muy estricto y, en uno o dos casos, cruel. Pero como la distancia cada vez mayor le iba quitando posibilidades de escapar y, de otra parte, como es muy posible que los guardias que lo cuidaban ya no tuviesen fuerzas sino para atender a sus propios males, la vigilancia se fue haciendo más suelta hasta que, tras presentar el señor Weseloff una petición, se le devolvió oficialmente su libertad, en la inteligencia de que podría emplearla como mejor le pareciese, y aún para volver a Rusia si tal era su deseo. Había empezado a preparar activamente el viaje a San Petersburgo cuando Zebek Dorchi pensó, no sin razón, que en una de las batallas con Traubenberg que se preveían, bien podía caer prisionero algún noble calmuco y en tal caso Weseloff sería una buena presa para negociar el canje. Con este pretexto se detuvo al pobre ruso hasta que el Khan expresara nuevamente su voluntad. Lo cierto es que el nombre del Khan se usó mucho en todo este asunto, pero con tan escaso conocimiento suyo que al quejarse humildemente Weseloff, en una audiencia privada, de la injusticia de que era víctima y de la crueldad que entrañaba jugar con sus sentimientos, poniéndolo en libertad y, por así decirlo, tentándolo con sueños del hogar y la felicidad recobrada sólo para dejarlo burlado, el buen príncipe negó toda participación en el caso, y en prenda de su sinceridad le concedió permiso para que se escapara; luego, hablando de la mejor manera de hacerlo sin despertar sospechas, el Khan añadió que acababa de recibir un mensaje del Hetman de los bashkirs solicitándole una entrevista privada en un lugar ya señalado de la ribera del Turgai. La entrevista se había concertado para la noche siguiente y, aunque los séquitos de las partes sólo constarían de tres personas, el señor Weseloff podía sumarse al suyo. Weseloff, hombre prudente y con experiencia del mundo, advirtió en el acto una traición en el simple esbozo que trazara el Khan, una traición contra el propio Khan. Tras pensarlo un poco le comunicó algunas de sus sospechas y lo puso en guardia, rogándole que le permitiera rechazar el honor de acompañarlo. Ya para entonces tres calmucos habían adivinado el propósito de Weseloff y, como tenían buenas razones para retornar a sus compatriotas en la ribera occidental del Volga, se ofrecieron a acompañarlo en su fuga. Probablemente el Khan habría accedido a la partida de estos hombres, mas para Weseloff fue cuestión de honor ocultar sus propósitos y emprender desde el campamento la evasión (que sería peligrosa en sus primeras etapas) sin correr el riesgo de que lo supiera el Khan.

En el distrito donde ahora acampaban, ancha región de centenares de millas, abundaba una raza dócil y hermosa de caballos salvajes. Cada uno de los cuatro participantes en la fuga había atrapado durante los últimos días de siete a diez de estos nobles animales, lo cual no despertó las sospechas de nadie, pues también los demás calmucos se aprovisionaban de tal manera previendo los trabajos que los esperaban camino de China. Al caer la tarde escondieron los caballos, tras echarles cabestros, en unos breñales a orillas del río. Serían las diez de la noche cuando volvieron a encontrarse en el mismo lugar; les tomó tres cuartos de hora dar un rodeo para que no los interpelasen las patrullas o centinelas apostadas en dirección del campo bashkir. Había salido la luna. Desataron los caballos y se disponían a partir cuando, de pronto, una violenta algazara y el ruido de armas rompió el silencio profundo de los bosques. Weseloff creyó oír al Khan que gritaba pidiendo auxilio. Recordó lo que el príncipe dijera esa mañana y, ordenando a sus compañeros que lo ayudasen, se lanzó a la carrera hacia las voces. Poco más allá encontró en un claro del bosque a cuatro hombres que luchaban contra una partida de por lo menos nueve o diez. Dos de los cuatro acababan de ser desmontados al llegar Weseloff: en uno de ellos creyó reconocer casi con seguridad al Khan, que hacía frente a dos asaltantes a caballo sin dar un paso atrás a pesar de su gran desventaja. Viendo que no había tiempo que perder, Weseloff hizo fuego y derribó a uno de los dos jinetes, al tiempo que sus compañeros disparaban sus carabinas y entraban a galope tendido al pequeño claro. El ruido atronador de unos treinta caballos que se precipitaban a un espacio reducido dio la impresión de todo un regimiento de caballería que acudía al rescate y, sin esperar más, los atacantes volvieron grupas y huyeron. Weseloff se acercó al caballero desmontado quien, como había creído, resultó ser el Khan. El hombre contra quien había tirado estaba muerto y al inclinarse a ver sus facciones ambos reconocieron con indignación, aunque Weseloff no sintió la menor sorpresa, aun hombre de confianza de Zebek Dorchi. Ninguno de los dos dijo una palabra; el Khan regresó escoltado por Weseloff y sus compañeros en medio de un silencio mortal. La situación de Weseloff era delicada y crítica; dejar al Khan en este momento significaba, probablemente, borrar los servicios prestados, ya que la partida de asesinos podía muy bien acechar en un recodo del camino para atacarlo otra vez. En cambio, si volvía con él hasta el campamento, ponía en peligro sus propias posibilidades de escapar. También el Khan parecía pensar en esto, pues al fin rompió el silencio para decirle: «Comprendo su situación; en otras circunstancias tal vez creería mi deber retener a sus compañeros. Ahora no estaría bien hacerlo, después del gran servicio que acaban de prestarme. Vayamos un poco hacia la izquierda. Allá, donde se divisa el fuego, hay un puesto de guardia. Vengan conmigo hasta ese lugar y estaré a salvo. Luego podrán volver atrás y hacer lo que pensaban: basta que me hayan escoltado para que nadie sospeche de ustedes. Siento no disponer de otros medios para demostrarles mi gratitud. Pero hay algo que quiero saber antes de separarnos: ¿Fue por simple azar que acudieron ustedes a librarme? ¿O sabían algo de la conjura urdida para atraerme a esa trampa?». Weseloff respondió con entera franqueza que había llegado por azar al sitio donde oyera los gritos, pero que al oírlos recordó de inmediato lo que el Khan le había dicho esa mañana; si se dirigió a ellos fue porque esperaba encontrarse al Khan rodeado de asesinos, pues de otra manera no lo hubiera hecho en un momento tan grave. Unos minutos después llegaron al puesto, donde el jefe tártaro podía quedar en seguridad, y de inmediato los cuatro compañeros iniciaron una huida que tal vez no tenga paralelo en los anales de viajes. Cada uno de ellos llevaba seis o siete caballos además del que montaba y, pasando de una a otra cabalgadura (como los antiguos desultores del circo romano) de modo que ninguna fuese cargada más de media hora, avanzaron sin detenerse 200 millas cada veinticuatro horas durante tres días consecutivos. Después, sabiéndose libres de toda persecución, siguieron más lentamente, aunque siempre a una velocidad que más tarde asombraría a quienes lo escucharon. Pero Weseloff era hombre de gran honradez y en todo momento se atuvo a los detalles que figuran en su informe impreso. Cuenta en él, por ejemplo, que no les fue difícil mantenerse en el camino por el que pasaran los calmucos en su huida debido a la cantidad de esqueletos abandonados y a otros monumentos de sus calamidades. En particular menciona, entre los muchos bienes valiosos que los tártaros se vieran obligados a sacrificar, montones enormes de dinero. Weseloff y sus compañeros encontraron estos montones intactos en medio del desierto. Tomaron lo que podían llevar consigo y esto, junto con el precio de sus hermosos caballos, que vendieron en una guarnición rusa a unas 15 libras por cabeza, les permitió seguir viaje a través de Rusia. En lo que toca al propio Weseloff, el regreso terminó con una trágica catástrofe. Por entonces era un hombre joven, hijo único de una madre que le adoraba. Al saber que su hijo había sido secuestrado violentamente, el dolor de la señora fue desgarrador y, aunque logró sobreponerse a él, minó seguramente su constitución. Weseloff, cediendo a los naturales impulsos de su amor filial, atravesó Rusia en posta hasta la casa de su madre y cometió la imprudencia de no dar aviso de su regreso. Llegó precipitadamente a presencia de su madre y ella, que había resistido los golpes del dolor, no pudo soportar el golpe de una alegría demasiado súbita e intensa y murió al ver al hijo.

* * *

Vuelvo ahora a las escenas finales de la huida de los calmucos. De nada valdría seguirlos de muy cerca a lo largo de las dos mil millas de sufrimientos que aún debían recorrer, sufrimientos que resultaron más monótonos –y también más rigurosos– que durante la primera parte de la marcha. Sus elementos principales les fueron el calor excesivo unido al hambre y la sed, agravados a cada paso por los ataques implacables de sus crueles enemigos, los bashkirs y los kirghizes.

Estos guerreros «peores que la angustia, el hambre o el mar» se prendieron a los desventurados calmucos como un rabioso enjambre de avispas. Muchas veces los perseguidores atacaban por la retaguardia y, al mismo tiempo, las avanzadas y los flancos debían resistir el asalto que con igual vehemencia lanzaban los habitantes de la región; esto no es de extrañar, ya que el instinto de conservación obligaba a los tártaros fugitivos a robar en todas partes alimentos y forrajes. Su condición era un constante oscilar de adversidades: atormentados por el hambre daban un rodeo de cien millas para llegar a tierras feraces y abundantes, y se encontraban con poblaciones multitudinarias que les oponían, hasta el último hombre, una resistencia obstinada, aprovechando su mejor conocimiento del terreno y su ocupación de todas las posiciones –pasos de montaña, puentes– que pudieran defenderse. Otras veces, hartos de sufrir de esta manera, se desviaban cien millas para atravesar regiones despobladas o desiertas, pero donde estaban seguros de padecer la más absoluta inanición. Ya sufrieran la plaga del hambre o la del constante batallar por abrirse paso, cualesquiera fuesen las «variedades feroces» de su angustia, la triste retaguardia no conocía el descanso; *post equitem sedet atra cura*; el tormento era incesante como el gusano de la conciencia. En conjunto, el espectáculo carece de todo precedente en la historia de la humanidad. La mala fe privada y personal suele ser durable, pero es raro encontrar tal pertinacia de malignidad en una nación, y en este caso el hecho de que la malignidad fuera recíproca añade un amargo interés a lo sucedido. Hasta ahora los adversarios se habían encontrado en igualdad de condiciones, lo cual no hacía sino agudizar su tremenda desigualdad en otros aspectos. Los bashkirs estaban dispuestos a luchar «de la mañana a la fresca noche». Los calmucos, por el contrario, debían huir siempre. ¿Acaso huían temerosos *de* sus enemigos? No: huían más bien *hacia* sus amigos, al refugio final de la China, implorado a todas horas en las plegarias de sus mujeres y en el llanto de sus hijos. Huían a pesar suyo y muchas veces en vano, pues también a pesar suyo se veían obligados a detenerse. Tal era su tormento. Cada día los bashkirs se arrojaban contra ellos; cada día volvía a comenzar otra vez la misma batalla inútil; como siempre, los calmucos llamaban a la lucha parte de su guardia de avanzada; cada día el combate duraba varias horas y tenía el mismo resultado invariable: tan pronto como los bashkirs se sentían muy apretados y habían logrado retrasar unas horas la marcha de los calmucos, se retiraban a los desiertos sin límites donde toda persecución sería imposible. En cambio, si los calmucos decidían seguir hacia adelante sin hacer caso de sus enemigos, los ataques se volvían tan encarnizados y abrumadores que la seguridad general parecía a punto de quedar comprometida y no había más remedio que proceder a un alto molestísimo y a contramarchas que, en las circunstancias en que se hallaban, les eran casi peores que la muerte. No es de sorprender que la irritación de este acoso sistemático, a la que se añadía un odio anterior y hereditario y el furor de sentirse impotentes para toda venganza eficaz, inflamara gradualmente el rencor de los calmucos hasta la más salvaje expresión de locura y frenesí totales. En verdad, mucho antes de acercarse a las fronteras de la China, la hostilidad de ambos lados había cobrado la forma de una lucha entre fieras mucho más que entre seres que reconocen los límites de la razón o las exigencias de una naturaleza común. El espectáculo se volvió demasiado atroz; era una hueste de locos perseguida por una hueste de demonios.

* * *

Una hermosa mañana, a comienzos del otoño de 1771, Kien Long, el Emperador de China, se hallaba dedicado a su ocio en el agreste distrito fronterizo situado fuera de la Gran Muralla. La región no está habitada en centenares de millas a la redonda, aunque sus antiguos bosques son ricos en animales de caza. En el centro de estas soledades, el Emperador se había hecho construir un espléndido pabellón al que venía todos los años a recrearse y descansar de las cargas del gobierno. En esta oportunidad se había alejado, por seguir la presa, a más de 200 millas del pabellón, seguido a poca distancia por una escolta militar, y cada noche dormía en un lugar distinto, hasta que por fin llegó a los márgenes de los vastos desiertos centrales de Asia [4]. Ahora se encontraba a la puerta de su tienda, disfrutando del sol de la mañana, cuando de pronto vio surgir al oeste una enorme nube de vapor que fue creciendo

---

[4] Todas estas circunstancias se conocen gracias al extenso documento oficial sobre la migración calmuca que redactara en chino el propio Emperador. Los misioneros jesuitas han traducido partes de dicho texto, en que el Emperador expone con el mayor detalle los hechos principales, así como las razones de su propia conducta.

gradualmente, se elevó y pareció difundirse por todo el cielo. Poco a poco la gran lámina de niebla se concentró sobre el horizonte, de donde siguió avanzando en grandes oleadas. El séquito del Emperador se reunió de inmediato en torno suyo. Sonaron en la retaguardia las trompetas de plata y de todos los claros y avenidas del bosque trotaron hacia la tienda real los coraceros –mitad soldados de caballería, mitad cazadores– que formaban la escolta. Se multiplicaban las conjeturas sobre la causa del fenómeno y el interés iba en aumento a medida que la curiosidad se convertía en ansiedad que provoca un peligro incierto. En un comienzo se pensó en grandes manadas de venados u otros animales que, asustados por los movimientos del Emperador, o tal vez por fieras en busca de una presa, daban un gran rodeo para volver a la selva por un lugar más alejado. Estas suposiciones se desecharon al observarse que la nube seguía creciendo y avanzaba paulatinamente. Dos horas más tarde los espectadores calculaban que el inmenso fenómeno se encontraba a unas cinco millas de ellos, aunque en los interminables desiertos tártaros es muy difícil y casi siempre engañoso hacerse una idea de la distancia. En la hora siguiente refrescó un poco gracias a una suave brisa mañanera; la polvareda había crecido tanto que formó gigantescos cortinajes aéreos que se descolgaban en grandes volúmenes del cielo a la tierra; en algunos sitios los torbellinos de la brisa tocaban los bordes de estos telones de aire y se distinguían rasgaduras con el aspecto de arcos, portales y ventanas a través de los cuales se divisaban vagamente cabezas de camellos «endosados»[5] con seres humanos, el paso de hombres y caballos en tumultuoso desorden y luego, a través de otras aberturas o panoramas, el centelleo de armas bruñidas. A veces, si el viento amenguaba o cesaba por completo, todas las aberturas del velo de bruma, cualquiera que fuese su forma, se cerraban lentamente y la procesión se perdía de vista, aunque el estruendo cada vez mayor, los clamores, gritos y quejidos que surgían de la multitud enfurecida, comunicaban en un idioma que no dejaba lugar a dudas lo que sucedía detrás de la cortina de nubes.

Era la hueste de los calmucos, ahora en los últimos extremos del agotamiento y acercándose muy rápidamente a la última fase de la privación y la angustia mortal, pasada la cual no sobrevive nadie, pero también, por fortuna

---

[5] Camellos *«endosados»*: «Y camellos endosados de torres», Milton, en su *Paraíso recobrado* [iii, 329].

para ellos, acercándose rápidamente (en un sentido literal) a la última etapa de su largo peregrinaje, en que la magnificencia real les ofrecería su hospitalidad y les daría plena protección contra sus enemigos. No obstante, aunque este día estuviese destinado a ser el último de la horrible persecución, los enemigos seguían prendidos a su retaguardia con la fiereza de siempre. Hacía tiempo que el Khan enviara ante sí las explicaciones y peticiones necesarias al Emperador de China, quien al recibirlas ordenó se hiciesen los preparativos para acoger a los calmucos con la más paternal benevolencia. Mas como los mensajeros se despacharon al llegar al Turgai, o sea, antes que el avance de Traubenberg obligara al Khan a ordenar la apresurada reanudación de la huida, el Emperador daba por supuesto que llegarían a sus fronteras unos tres meses más tarde. Más aún, el Khan le había declarado expresamente su intención de pasar los calores del verano en la ribera del Turgai y reiniciar la marcha a comienzos de septiembre. Nada sabía Kien Long del cambio en los planes y no acertó a interpretar la extraordinaria aparición en el desierto, hasta que los salvajes clamores de la furia guerrera y el estruendo de las armas le revelaron con certeza las inesperadas calamidades que habían precipitado la decisión de los calmucos.

Al darse cuenta de la situación, el Emperador comprendió que el primer acto de cuidado paternal por estos hijos errantes (así los consideraba) que ahora volvían a la antigua obediencia debía ser librarlos de sus perseguidores. Esto no era tan difícil como podía suponerse. A unas pocas millas aguardaban un cuerpo escogido de caballería y un fuerte destacamento de artillería que acompañaban al Emperador en todos sus desplazamientos y a los que ahora se convocó de urgencia. Entre tanto, los cortesanos del séquito, temiendo sobreviniese algún peligro al Emperador dada la proximidad de un enemigo sin ley, lo persuadieron a que se retirase a cierta distancia. Sin embargo, los que observaban la marcha del palio de vapor en el desierto no tardaron en comprobar que no se dirigía rectamente a la tienda real sino más bien en diagonal, en un ángulo de 45 grados con respecto a la línea en que se hallaba el cortejo imperial, por lo que la separación aumentaba continuamente. Quienes conocían la región estimaron que los calmucos iban hacia un gran lago de agua dulce situado a unas siete u ocho millas. Así era, en efecto, y se dio orden a la caballería de acudir a ese lugar: allí fue donde, unas tres horas después, al mediodía del 8 de septiembre, el éxodo de los tártaros calmucos llegó a su término con una escena de furor tan memorable e infernal que es el desenlace apropiado de una marcha tan llena de trágicos males. El Emperador no se hallaba presente, o si vio algo fue de tan lejos que no podía distinguir los distintos aspectos de lo que sucedía, pero en su memorial escrito ha dejado constancia del informe sobre la escena que le presentaron algunos de sus oficiales.

El lago de Terguiz, cerca del espantoso desierto de Kobi, se halla en una hondonada entre montañas de dos a tres mil pies de altura. A eso de las once de la mañana, la caballería china llegó a lo alto del camino que atravesaba el paso y descendía hasta la orilla del lago. Desde este punto, a unos dos mil pies sobre el nivel del agua, siguieron durante hora y media una senda muy sinuosa y estrecha, y mientra bajaban tuvieron que asistir por fuerza, como espectadores inactivos, a un espectáculo alucinante. Los calmucos, que de unas seiscientas mil almas habían quedado reducidos a doscientas sesenta mil, tras soportar durante tanto tiempo los padecimientos que ya he descrito —el calor excesivo, el hambre y las destructoras cimitarras de kirghizes y bashkirs— habían cruzado en los diez últimos días un desierto aterrador, en que no se veía el más mínimo vestigio de vegetación ni se encontraba una sola gota de agua. Hombres y camellos estaban ya tan sobrecargados que era sencillamente imposible llevar víveres suficientes para el paso de la desolada extensión. Al octavo día, la pobre ración diaria, que había ido disminuyendo continuamente, cesó por completo y durante dos días de fatiga intolerable el horror de la sed llegó a su extremo. La última mañana, al divisarse las montañas y el paisaje boscoso que anunciaban a los guías la proximidad del lago de Terguiz, todos se precipitaron hacia adelante con exasperada ansiedad, anticipando el alivio del agua. El día se tornaba más y más caluroso, el pueblo calmuco se sentía más y más exhausto, y poco a poco en la carrera hacia el lago se perdió toda disciplina y todo mando, se abandonaron los últimos intentos de mantener la retaguardia, y los bashkirs enardecidos cabalgaron en medio de la gente abrumada por la carga, asesinándola a mansalva y casi sin resistencia. Las quejas, los gritos tumultosos marcaban el progreso de la matanza; nadie les hacía caso, nadie se detenía; todos por igual, mendigos o nobles, continuaban su carrera enloquecida hacia el agua: todos con los rostros negros por el calor que les atenazaba el hígado y con la lengua que les salía de la boca. Los crueles bashkirs eran víctimas de los mismos padecimientos que los pobres calmucos y los denunciaban con los mismos síntomas; muchas veces la misma angustia frenética poseía por igual al asesino y a su víctima; aún más, muchos habían perdido la razón (ordinario efecto de la sed) en uno y otro bando; el simple número y concentración de los cuerpos era el único freno a la cimitarra que degüella y el casco que aplasta, y así llegaron por fin al lago: todos los enemigos se lanzaron juntos al agua en una enorme multitud, siguieron entrando juntos, olvidados de lo que no fuese su instinto todopoderoso. Esta absorción del pensamiento en un apetito exasperado duró media hora y luego se produjo la escena final de la última venganza. De pronto las aguas del lago se tiñeron de sangre por todas partes; aquí corría una partida de salvajes bashkirs tajando cabezas con la rapidez de un segador entre las mieses; allá los calmucos inermes ceñían en un abrazo mortal a sus odiados enemigos, ambos con el agua a la cintura, hasta que la lucha o el puro agotamiento los hundía y se ahogaban el uno en brazos del otro. Si en algún momento los bashkirs lograban unirse en un grupo compacto para dar mayor fuerza a sus ataques, los camellos iban contra ellos, aguijados furiosamente por sus conductores, fuesen mujeres o niños calmucos, y hasta los mansos animales participaban por fuerza en este carnaval de asesinato, pisoteando a todos los que podían derribar con el golpe de sus patas delanteras. El agua se iba contaminando cada vez más y, sin embargo, a cada instante llegaban nuevas miríadas que se arrojaban al lago, incapaces de resistir al delirio de la sed, y bebían a grandes tragos el agua visiblemente inficionada por la sangre de sus compatriotas degollados. Dondequiera la escasa profundidad del lago permitía sacar la cabeza fuera del agua se veían, a lo largo de decenas de acres, todas las formas del miedo más espantoso, la lucha más desesperada, el espasmo, la muerte y el miedo de la muerte —la venganza y la locura de la venganza—, hasta que los espectadores neutrales, de los que había muchos y que ahora descendían por el lado oriental del lago, terminaron por desviar la vista espantados. Parecía imposible que un nuevo elemento se sumara al horror, pero un incidente inesperado vino a aumentarlo. Los bashkirs, que empezaron a advertir que se aproximaba la caballería china, juzgaron prudente —allí donde las pasiones de la escena mortal les dejaba un respiro— unirse en grupos. El gobernador de un pequeño fuerte chino, situado en una altura desde la que se dominaba el lago, se dio cuenta de la maniobra y disparó contra ellos una andanada que los sumió en el desconcierto. Tan pronto como los bashkirs se organizaban en piquetes o escuadrones, única manera de hacer frente a las largas filas de guerreros chinos que bajaban del monte, el gobernador del fuerte los exterminaba de una descarga, hasta que la parte inferior del lago quedó convertida en una vasta caldera hirviente de sangre y restos humanos. La caballería china acabó el descenso; los bashkirs, atentos a sus movimientos, lograron formarse; se libraron algunas escaramuzas y, al darse cuenta de que ahora luchaban sin ninguna esperanza, los bashkirs y kirghizes comenzaron a retirarse. La persecución no fue tan vigorosa como lo hubiera deseado el odio de los calmucos. Pero hasta quienes sentían el odio más feroz recordaban su terrible experiencia de los desiertos asiáticos y tenían la certidumbre de que los bashkirs habían de repetirla, pues tal era la sanción de la Providencia por su vengativa crueldad: y hasta el más implacable o menos reflexivo de los calmucos comprendía que, a modo de represalia, este castigo sería más completo y absoluto que cualquiera que hubiesen logrado sus espadas o inventado la venganza de los hombres.

* * *

Aquí termina la historia de las peregrinaciones de los calmucos en el desierto; ninguna de las marchas que aún los aguardaba fue larga ni penosa. Kien Long, con la más principesca liberalidad, les tenía preparados toda clase de alivios y refrigerios para sus cuerpos extenuados y de inmediato se les asignaron tierras muy fecundas en las riberas del Ily, no muy lejos del lugar en que salieran del desierto de Kobi. Pero la benévola atención del Emperador se apreciará mejor en sus propias palabras, traducidas al francés por uno de los misioneros jesuitas: «La nation des Torgotes (*savoir les kalmuques)* arriva à Ily, toute delabrée, n'ayant ni de quoi vivre, ni de quoi se vêtir. Je l'avais prévu; et j'avais ordonné de faire en tout genre les provisions nécessaires pour pourvoir les secourir promptement: c'est ce qui a été exécuté. On a fait la division des terres; et on a assigné à chaque famille une portion suffisante pour pourvoir servir à son entretien, soit en la cultivant, soit en y nourissant des bestiaux. On a donné à chaque particulier des étoffes pour l'habiller, des grains pour se nourrir pendant l'espace d'une année, des utensiles pour le ménage, et d'autres choses nécessaires: et outre cela plusieurs onces d'argent, pour se pourvoir de ce qu'on aurait pu oublier. On a designé des lieux particuliers, fertiles en pâturages; et on leur a donné des boeufs, mountons, etc., pour qu'ils puissent dans la suite travailler par euxmêmes à leur entretien et à leur bien-être»[6].

Estas son la palabras del Emperador que habla en nombre propio de sus cuidados paternales; un autor chino que trató el mismo tema dejó constancia de la munificencia del príncipe en términos que proclaman con más vigor la generosidad desinteresada que le movió a hacer tan grandes obsequios y la delicadeza con que procedió. Refiriéndose a los calmucos, dice lo siguiente: «Lorsqu'ils arrivèrent sur nos frontières (au nombre de plusieurs centaines de mille, quoique la fatigue extrême, la faim, la soif et toutes les autres incommodités inséparables d'une très-longue et très pénible route, en eussent fait périr presque autant), ils étaient réduits à la dernière misère; ils man-

---

[6] «La nación de los Torgotes *(es decir los calmucos)* llegó a Ily completamente deshecha, sin tener de qué alimentarse ni vestirse. Yo lo había previsto y tenía ordenados todos los preparativos para acudir prontamente en su ayuda y así se hizo. Se procedió a un reparto de tierras y se asignó a cada familia una parcela que bastase a su mantenimiento, ya sea que la cultivasen o que en ella criasen ganado. Se dio a cada uno telas para vestirse, cereales para alimentarse durante un año, utensilios domésticos y otras cosas necesarias, así como varias onzas de plata para que se proveyesen de lo que se hubiera pasado por alto. Se les señalaron determinados lugares de buenos pastos y se les dieron bueyes, ovejas, etc., a fin de que en adelante trabajasen por sí mismos y atendiesen a su propio mantenimiento y bienestar.»

quaient de tout. Il "[l'Empereur Kien Long]" leur fit préparer des logements conformes à leur manière de vivre; il leur fit distribuer des aliments et des habits; ils leur fit donner des boeufs, des moutons, et des utensiles, pour les mettre en état de former des troupeaux et de cultiver la terre, et tout cela à ses propres frais, qui se sont montés à des sommes immenses, sans compter l'argent qu'il a donné à chaque chef-de-famille, pour pourvoir à la subsistance de sa femme et de ses enfants»[7].

Así, tras un año memorable de dolor, los calmucos fueron restaurados en sus posesiones territoriales y en un bienestar igual o quizá superior al que disfrutaran en Rusia, y con mayores ventajas políticas. Pero, igual o superior, su condición ya no era la misma; su prosperidad social se había modificado, si no en

[7] «Cuando llegaron a nuestras fronteras (eran varios cientos de miles, aunque la extrema fatiga, el hambre, la sed y todos los demás sinsabores inevitables en un camino tan largo y penoso hubieran acabado con casi otros tantos), estaban reducidos a la más triste miseria y tenían necesidad de todo. El "[el Emperador Kien Long]" les hizo preparar casas conforme a su manera de vivir; repartió entre ellos alimentos y ropas; les hizo dar bueyes, ovejas y herramientas para que pudiesen formar rebaños y cultivar la tierra y todo ello por cuenta propia, lo cual representó sumas inmensas, sin contar el dinero que dio a cada jefe de familia para que atendiera a la subsistencia de su mujer e hijos.»

grado al menos en calidad, pues en lugar de ser un pueblo puramente pastoril y vagabundo, ahora las circunstancias lo obligaron a depender fundamentalmente de la agricultura; y tan levantados quedaron en el orden social que, por natural consecuencia de las costumbres y necesidades de la vida, abandonaron por completo los usos errantes y salvajes relacionados con una existencia seminómada. Ganaron asimismo privilegios políticos, sobre todo el ser dispensados del servicio militar, lo cual lograron gracias a sus nuevas relaciones. Todas éstas fueron circunstancias de ventaja y provecho. De otra parte una sola desventaja bastaba para contrarrestar todas sus ganancias: las posibilidades de su conversión al cristianismo, sin el cual no hay en nuestro tiempo ningún adelanto absoluto en el camino a la verdadera civilización, se perdieron o alejaron a una distancia incalculable.

Aún hemos de añadir unas cuantas palabras sobre los intereses *personales* que estuvieron en juego en el gran drama. En tal sentido, la catástrofe fue notable y completa. Desde el misterioso ataque en las márgenes del Turgai, Oubacha, a pesar de ser tan apacible e incapaz de sospecha, ya no pudo seguir confiando en su primo; al cabo se reveló contra el hombre que lo hubiera asesinado y demostró su cautela de modo tan palmario que provocó una reacción en la manera de comportarse de Zebek Dorchi, quien a pesar de su disimulación no pudo ocultar un gesto de desagrado. Esta fue la causa de un pleito que, al separarlos, salvó probablemente la vida de Oubacha, pues la amistad de Zebek Dorchi era más fatal que su enemistad declarada. Una vez asentados en el Ily continuó el pleito, que por fin llegó a oídos del Emperador, durante una visita que en 1772 hicieron todos los jefes tártaros a Su Majestad en su pabellón de caza. El Emperador se enteró con precisión de los detalles del caso, de los derechos y pretensiones de cada uno y de la manera como afectarían los intereses del pueblo calmuco. Concluyó por hacer suya la causa de Oubacha y reprimió a Zebek Dorchi, quien a su vez sintió tan hondamente el descalabro de sus ambiciosos proyectos que, de acuerdo con otros jefes, aún tuvo la presunción de tejer redes de traición en torno al propio Emperador. Las conspiraciones se urdieron, se descubrieron, se desbarataron; las mismas bases sirvieron para levantar la contraconspiración. Por último se invitó a Zebek Dorchi, en compañía de todos sus cómplices, al pabellón imperial; bajo la hábil intendencia de los nobles chinos de la casa del Emperador, los propósitos criminales de los jefes tártaros se volvieron contra ellos mismos y todos perecieron asesinados en medio de un gran banquete. La moralidad china es tal que aprueba siempre la *lex talionis:*

> «*Lex nec justior ulla est* (así lo creen)
> *Quam necis artifices arte perire sua.*»

Así acabó Zebek Dorchi, autor y originador del gran éxodo tártaro. Oubacha y su pueblo se recobraron gradualmente de sus sufrimientos y lograron reparar sus males. Bajo la suave autoridad de un señor paternal y supremo, la paz y la prosperidad amanecieron otra vez sobre las tribus: sus lares hogareños, después de tan duro traslado a climas distantes, fueron restaurados felizmente en lo que en verdad eran sus moradas primitivas: los calmucos se asentaron en una región de risueñas escenas silvestres, dotada de todas las riquezas y las gracias perfectas de una hermosura arcádica. Pero desde las colinas de esta tierra favorecida, y aun de las llanuras cuando se acercaban a la frontera occidental, contemplaban todavía la desolación terrible en la que una vez transcurriera la agonía de un pueblo —el total exterminio de medio millón de calmucos— y donde quienes sobrevivieron a la tempestad pasaron días tan aciagos que al final (como sucedió en Atenas durante la guerra del Peloponeso, por otros padecimientos) muchos perdieron la memoria, borrados como por una esponja, aniquilados y suprimidos todos los recuerdos de su vida anterior, y muchos otros perdieron la razón, algunos en una melancolía pensativa, otros en la agitación del delirio afiebrado, otros, en fin, en la violenta manía, el frenesí enloquecido o la idiotez babeante. Años más tarde se levantaron dos grandes monumentos conmemorativos para señalar la profundidad y duración del terror, del dolor sagrado y reverencial con que volvían la mirada hacia los tremendos desastres del año del tigre quienes los compartieron bebiendo el cáliz de la aflicción o quienes luego fueron testigos de las consecuencias y se asociaron al consuelo; dos grandes monumentos: el primero, ordenado por el Dalai Lama, fue una solemne ceremonia religiosa llamada en tártaro *Romanang*: una conmemoración nacional, con la música más rica y majestuosa, de todas las almas que fueron a descansar en el paraíso de sus tribulaciones en el desierto (la ceremonia se realizó unos seis años después de la llegada a China); el segundo, más durable y acorde a la calamidad y grandeza del éxodo nacional, fueron las poderosas columnas de granito levantadas por el Emperador Kien Long cerca de las riberas del Ily. Las columnas subsisten al borde mismo de las estepas y en ellas se lee esta breve y elocuente inscripción:[8]

Por la Voluntad de Dios,
Aquí, al Borde de estos Desiertos,
Que en este Punto comienzan y se dilatan,
Sin caminos, sin árboles, sin agua,
Durante miles de millas a lo largo de las fronteras de
[muchas
Naciones,
Descansaron de sus trabajos y grandes sufrimientos,
A la sombra de la Muralla China,
Y por la gracia de KIEN LONG, Lugarteniente de Dios
[en la Tierra;
Los antiguos Hijos del Desierto —los Tártaros Torgo-
[tes—
Que huían de la cólera del Zar Griego,
Ovejas errantes que se alejaron del Celeste Imperio el
[año 1616,

---

[8] He modificado ligeramente la inscripción en una o dos frases, en particular para adaptar a la era cristiana las expresiones del Emperador cuando menciona el año del éxodo original a partir de China y el éxodo retrogresivo desde Rusia. En cuanto al nombre que se da al Emperador de Rusia, se trata de una confusión entre él y los césares bizantinos, como si por ser el primero de la misma religión que los últimos (y por reinar, en parte, en las mismas longitudes aunque en distintas latitudes) fuera posible considerarlo como su sucesor moderno; a menos que simplemente se haga referencia a la forma griega del cristianismo que profesan el Emperador y la Iglesia de Rusia.

Y ahora por misericordia se reúnen otra vez tras infini-
[tos males
En el redil de su Pastor clemente.
Bendito sea para siempre este lugar
y
Bendito el día: 8 de septiembre de 1771.
Así sea.